皮尔士哲学引论

周靖 程都 ◎ 著

An Introduction to the
Philosophy of Charles
Sanders Peirce

华东师范大学出版社
·上海·

图书在版编目（CIP）数据

皮尔士哲学引论／周靖，程都著. -- 上海：华东师范大学出版社，2024. -- ISBN 978-7-5760-5820-8

Ⅰ. B712.43

中国国家版本馆 CIP 数据核字第 20252TA884 号

皮尔士哲学引论

著　　者	周　靖　程　都
责任编辑	张婷婷　朱华华
责任校对	李琳琳
装帧设计	郝　钰
出版发行	华东师范大学出版社
社　　址	上海市中山北路 3663 号　邮编 200062
网　　址	www.ecnupress.com.cn
电　　话	021 - 60821666　行政传真 021 - 62572105
客服电话	021 - 62865537　门市（邮购）电话 021 - 62869887
地　　址	上海市中山北路 3663 号华东师范大学校内先锋路口
网　　店	http://hdsdcbs.tmall.com
印 刷 者	上海商务联西印刷有限公司
开　　本	890 毫米×1240 毫米　1/32
印　　张	9.125
字　　数	189 千字
版　　次	2025 年 4 月第 1 版
印　　次	2025 年 4 月第 1 次
书　　号	ISBN 978 - 7 - 5760 - 5820 - 8
定　　价	59.80 元
出 版 人	王　焰

（如发现本版图书有印订质量问题,请寄回本社客服中心调换或电话 021 - 62865537 联系）

目录

代序　皮尔士的符号哲学及其当代影响／江怡　　1

导言　　1

1. 思想来源　　7
　1.1　古希腊哲学和经院哲学　　8
　1.2　德国古典哲学　　15
　1.3　英国经验主义传统　　20
　1.4　近代科学思想　　23
　小结　　27

2. 宇宙论　　29
　2.1　偶成论　　31
　2.2　连续论　　41
　2.3　科学的形而上学　　49
　2.4　科学的宗教　　53
　小结　　61

3. 现象学　　63
　3.1　皮尔士与康德　　65
　3.2　皮尔士与黑格尔　　72
　3.3　新范畴表　　84

3.4　现象的重构　　　　　　　　　　　　　　　　93
　　小结　　　　　　　　　　　　　　　　　　　　114

4. 规范科学　　　　　　　　　　　　　　　　　　115
　　4.1　美学、伦理学和逻辑学的规范性和实证性　　117
　　4.2　科学共同体的规范求真之事业　　　　　　　126
　　小结　　　　　　　　　　　　　　　　　　　　147

5. 符号哲学　　　　　　　　　　　　　　　　　　149
　　5.1　认识论的符号哲学重塑　　　　　　　　　　150
　　5.2　宇宙符号活动中的终极因　　　　　　　　　159
　　5.3　实在论　　　　　　　　　　　　　　　　　173
　　小结　　　　　　　　　　　　　　　　　　　　190

6. 实用主义　　　　　　　　　　　　　　　　　　193
　　6.1　重申皮尔士的实用主义　　　　　　　　　　195
　　6.2　皮尔士与詹姆士、杜威　　　　　　　　　　221
　　小结　　　　　　　　　　　　　　　　　　　　238

结语　皮尔士哲学的影响　　　　　　　　　　　　243

关键术语表　　　　　　　　　　　　　　　　　　255

参考文献　　　　　　　　　　　　　　　　　　　265

后记　　　　　　　　　　　　　　　　　　　　　279

代序　皮尔士的符号哲学及其当代影响

江怡*

在中国,皮尔士是作为美国实用主义哲学的创始人而为人所知的,虽然他的哲学思想并不被人熟悉。21世纪之前,"皮尔士"这个名字通常是与"詹姆士"和"杜威"的名字一并出现的,他们被看作第一代实用主义的主要代表。进入21世纪后,国内学术界开始重视皮尔士思想的特殊意义,在语言哲学、分析哲学、语言学、符号学以及计算机科学等领域中重新发现皮尔士思想的原创价值。然而,学者们对皮尔士哲学思想依然缺乏准确的认识,导致他始终被放在美国实用主义哲学的阵营。令人高兴的是,两位多年从事皮尔士哲学研究的青年学者周靖和程都,在今年完成了这部《皮尔士哲学引论》,为国内学术界提供了一个全面了解皮尔士哲学的清晰版本。全书从皮尔士的思想来源入手,围绕他的宇宙论、现象学、规范科学、符号哲学等话题,展开了对皮尔士实用主义哲学的全面阐释,最后论及这种哲学的后世影响。作者之一周靖特别邀请我为该书作序,我欣然命笔。

---

* 江怡,男,中国现代外国哲学学会理事长、国际皮尔士学会前会长、山西大学哲学学院教授,博士生导师。主要从事分析哲学史、维特根斯坦哲学、皮尔士哲学研究。

在我看来,皮尔士哲学是一个尚待挖掘的思想宝库,其中有许多原创性的观点依然处于迷雾之中,但通观他的思想脉络可以发现,其哲学核心在于他对符号的解释。可以说,皮尔士的所有思想观点,都是围绕着符号哲学展开的,符号构成了他解释世界的密钥,也是我们理解他的哲学体系的法宝。所以,符号哲学是皮尔士哲学的核心所在。

那么,皮尔士的符号哲学是什么呢?在本书中,作者们指出,在皮尔士看来,"我们仅能通过符号来思维,并且也只能通过符号活动来呈现世界,因此对符号的分类意味着对思维的形式和世界的内容做出整理",因此,"我们不妨将诉诸符号对世界的认识论探求称为符号认识论或符号哲学认识论"。这是从认识论上解释了皮尔士符号哲学的主要内容。然而,在我看来,皮尔士的符号哲学应当包含更多的内容。

首先,皮尔士不仅把符号看作解释世界的唯一方式,而且是构造世界的主要方式。在这种意义上,符号不仅具有认识功能,更具有本体论意义。1873年,皮尔士在一份手稿中这样写道:"符号是这样一种对象,这种对象对于某个心灵而言指代着另一对象。我希望描述一下符号的特征。首先,跟其他任何事物一样,一个符号必须有属于它的一些性质,无论将其视为一个符号与否。所以,印在纸面上的词是黑色的,有几个字母拼写而成,而这些字母又有特定形状。符号的这种特点我称为其物质属性。其次,一个符号必须与其所意指之物有某种真实的联系,使得当这一对象呈现,或者正如这个符号意指其所是的那样时,这一符号将如是意指之,否则则不然。"①可见,皮尔士从一开始就把符号看作一种对象,并且赋予符号一种物质属性,以及在符号与外在对象之间建立意指关系。这些表明,皮尔士的符号哲学是建立在符号本体论的基础之上的。周靖在一篇文章中说:"根据通常的理解,'符号'指的是据它来理解其他事物,但它不同时指称自身的某种东西。"②如果这样理解符合皮尔士的观点,那么,皮尔士的符号就如同亚里士多德的"实体"概念一样,可以用于规定其他事物而自身不能用来作为规定的对象。这也符合皮尔士对亚里士多德思想的推崇。

其次,皮尔士提出的范畴理论也是建立在他对符号的解释之上的,范畴理论构成了他的符号哲学的核心部分。早在1867年,皮尔士就清楚地表示,他的范畴表是他"赠予这个世界的礼物"。在晚年,他更是明确地表达,这个范畴表是他"对哲学的一个贡献"。③ 以上这些表明,他始终把范畴理论作为他的符号哲学的核心。我们知道,皮尔士的范畴理论主要包括了两部分内容。其一是五范畴说,即他在《论范畴的新分类》中提出的五个范畴:存在、性质、关系、表征、实体,其中,性质是指代一个根据,关系是指代一个相互关联项,表征则是指代一个解释项。由于他把存在看作用来引入后三个范畴的前置词,而实体则是用于解释前三项的

---

① 皮尔士:《皮尔士论符号》,胡普斯编,徐鹏译,上海译文出版社2016年版,第157页。
② 周靖:《超越心灵与世界的界限——从皮尔士符号哲学出发建构的符号实用主义》,载《科学技术哲学研究》2022年第6期,第47页。
③ 皮尔士:《皮尔士论符号》,胡普斯编,徐鹏译,上海译文出版社2016年版,第31页。

最后目的,在符号解释中,这两项最后都被他消解掉,只保留了五项的中间三项,即性质、关系、表征。这样,他对范畴的分类自然就进入对符号的解释之中。这就是皮尔士范畴理论的第二部分,即三元关系说。关于这个学说,本书中已经有了详细的阐述。在这里,我只想强调一点:皮尔士对符号三元关系的解释,并非仅仅揭示了符号与世界或对象的关系,更主要是说明了解释者作为符号的使用者,不仅是在完成对符号的解释,而且是符号得以被解释的使动者。这表明,对符号而言,解释者只是使得符号得以获得解释的媒介,解释者的存在是以符号的存在为前提的。这就是皮尔士符号哲学的精神所在,即人是符号的动物。皮尔士指出,"意识的内容、即心灵的全部现象表现,是一种从推论中产生来的指号(即,符号。——引注),按照我们的原则(即一种绝对不可认知的东西是不存在的,以致一种实体的现象表现就是那个实体),我们就必然得出结论说,心灵是一个按照推论规则形成的指号(即,符号。——引注)"。[1] 他还说,"任何事物决定其他事物(它的解释物)去指称一个双重性,这个事物本身也以同样的方式指称这个对象(它的对象),其解释者依次成为指号(即,符号。——引注),一直到无穷"。[2] 显然,皮尔士是以符号及其意义解释了人的存在及其意识,以表象说明了事物存在的基本样态。因此,

---

[1] 涂纪亮编:《皮尔斯文选》,涂纪亮、周兆平译,社会科学文献出版社2006年版,第148页。
[2] 涂纪亮编:《皮尔斯文选》,涂纪亮、周兆平译,社会科学文献出版社2006年版,第301页。

他的符号哲学就是一种以符号指向一切事物的符号本体论。

最后,皮尔士的实用主义之所以被他自己称作"实效主义",其根据也在于他的符号哲学。通常认为,皮尔士自己不喜欢欧洲人对"实用主义"一词的滥用,而选择了一个在他看来更为丑陋的名称:"实效主义"。然而,他做出这种选择的真正原因,却是希望把自己的哲学与詹姆士和席勒的实用主义主张区分开来。因为在他看来,他的哲学的首要原则是"把思想理解为符号",这是与詹姆士等人宣扬的实用主义有所不同的。1905年,他在解释他的"实效主义"与"实用主义"的区别时曾明确指出,实效主义可以表述为这样一个定义:"任何一个指号(即,符号。——引注)的全部理性内涵就在于合理行为的各种普遍模式的总和,它依据于各种可能的、不同的环境和愿望,从而引导人们接受这个指号(即,符号。——引注)。"①在这里,我们可以看到,皮尔士是把他的实效主义解释为他的符号哲学,因为实效主义涉及的行动和效果都是心灵对符号的逻辑操作,即推理和逻辑论证。这是符号自身的演化过程,在这个过程中,存在之物就更加充分地体现在普遍之物中,也就是体现在我们使用的概念之中。这些概念是事先确定的,并被看作是符合理性要求的。这就是皮尔士所说的,"用以论证理性内涵是普遍的理由"。② 这里的普遍理由就是对符号意义的追问。由此

---

① 涂纪亮编:《皮尔斯文选》,涂纪亮、周兆平译,社会科学文献出版社2006年版,第22页。
② 涂纪亮编:《皮尔斯文选》,涂纪亮、周兆平译,社会科学文献出版社2006年版,第19页。

可见,皮尔士的实效主义构成了他的符号哲学的最后内容。

当然,正如我在前面所言,皮尔士的符号哲学包含了十分丰富的内容,这里仅仅是简要提及其中的主要部分。从这些部分内容中,我们可以清楚地看到,皮尔士的符号哲学构成了他的全部哲学的主体和核心。因此,要准确理解皮尔士哲学,就必须从他的符号哲学入手。而且,皮尔士哲学对当代哲学发展的影响,也主要体现在当代哲学家们对他的符号哲学的系统研究和进一步发挥上。对此,周靖和程都在本书的结束部分也做了详细的分析。但我更想补充的是,皮尔士的符号哲学是被当作一个整体而对当代哲学产生深远影响的。

其一,皮尔士哲学在当代的主要形象不是实用主义或他的实效主义,而是他的符号哲学。虽然詹姆士、刘易斯和奎因等人对皮尔士的实用主义给予了更多的关注,但皮尔士哲学的影响力却是由于莫里斯的工作才为更多人认识到的,这就是莫里斯根据皮尔士符号哲学提出的符号学三分法思想,即把符号学解释为"句法""语义"和"语用"三个组成部分。后来的研究者们把皮尔士关于符号-对象-解释项结构的三元符号哲学(semiotics)与索绪尔开启的能指-所指(signifier-signified)结构的二元符号学(semiology)相结合,发展出一种"总体符号学"(global semiotics)。在当代哲学讨论中,"符号学"通常就是分别指向皮尔士的符号哲学和索绪尔的符号学。皮尔士将他的符号哲学(semiotics,他有时将其称作semeiotics)定义为"准必要的或形式的符号学说",它抽象了必须是所有符号特征所使用的符号,是一种能够通过经验学习的智能,并且是追求符号与符号相互交流过程的哲学逻辑。一般认为,皮尔士的符号哲学是关于符号的哲学逻辑,是对符号过程、推理模式和一般探究过程的研究。这种符号哲学不仅涉及外部的交流机制(如索绪尔的符号学),还涉及内部的表征机制、探究符号过程、推理模式以及一般意义的整个探究过程。所以,无论是在涵盖内容还是影响范围上,皮尔士的符号哲学都远远超出了索绪尔的符号学。

其二,皮尔士的符号哲学与他的实效主义是一体的,尤其是在欧洲大陆,皮尔士的实效主义更多地被看作关于符号意义的解释,而不是关于行为意义的说明。这在周靖和程都的这本著作中有精彩的论述。例如,意大利的瓦拉蒂和卡尔德罗尼等人就更为支持皮尔士的实效主义,而反对詹姆士的"信仰的意志",认为实效主义应当作为一种逻辑的或方法的实用主义,应坚持以科学的方法来解释意义和真理。英国的威尔比夫人则更是通过与皮尔士的思想交流,使得皮尔士的符号哲学在英国得到广泛传播,并最终使得拉姆齐成为皮尔士符号哲学的"超级粉丝"。有学者甚至认为,后期维特根斯坦的思想转变也与拉姆齐对皮尔士符号哲学的推崇有某些间接的关系,虽然这种看法已经引起了学术界的争议。[1]

其三,皮尔士的符号哲学不仅对当代哲学产生了重要影响,而

---

[1] 参见 Cheryl Misak, *Cambridge Pragmatism: From Peirce and James to Ramsey to Wittgenstein*, Oxford: Oxford University Press, 2016;周靖:《剑桥实用主义研究》,华东师范大学出版社 2023 年版。江怡:《维特根斯坦是实用主义者吗?——一项学术史的考察》,载《学术月刊》2021 年第 11 期,第 5—15 页。

且对当代科学、语言学、符号学、人类学、社会学等学科的发展都带来了广泛的影响,甚至可以说,后者的影响要比前者更为深远。例如,国际符号学界对皮尔士符号哲学的研究要比哲学界对皮尔士哲学的关注更为广泛深入,特别是,皮尔士的三元关系理论为当代符号学研究提供了重要的思想资源。在中国,目前对皮尔士符号哲学的研究更多的是在符号学界,而不是哲学界。在当代哲学研究领域中,皮尔士的符号哲学不仅出现在英美哲学研究中,而且对欧洲大陆哲学也产生了深远影响。例如,阿佩尔和哈贝马斯等人的哲学思想都明显地吸收了皮尔士的符号哲学资源。当然,皮尔士哲学提供的思想方法为当代哲学的发展开辟了许多重要的研究路径,对此,周靖和程都在他们的书中都给出了很好的分析。

综上所述,皮尔士哲学思想博大精深,影响广泛。但在他的所有理论中,唯有符号哲学可以被看作他哲学的核心和灵魂,他的其他哲学思想都可以用符号哲学加以解释,如符号实用主义(实效主义)、符号现象学(显像学)、符号规范科学(法则学)、符号本体论(宇宙论)等。《皮尔士哲学引论》一书相当全面地分析阐释了这种符号哲学,为我们准确理解皮尔士的哲学思想,提供了一个重要的权威版本。

是为序。

2024 年 12 月 14 日

导言

皮尔士（Charles Sanders Peirce，1839—1914）常以"实用主义之父"之名为人熟知，但其思想影响实际上远远超出了实用主义的范围。皮尔士的工作涉及哲学、符号学、逻辑学、天文学、物理学、科学方法论、测地学，以及数学等方面。他不仅是美国思想史上第一位体系型哲学家，也被视为最具原创性的逻辑学家之一以及有一定贡献的自然科学家。随着近些年研究的深入，皮尔士思想内涵的广度和深度在当代学界的各个领域有着愈发显露之势。

1839年9月10日，皮尔士出生于美国马萨诸塞州的坎布里奇。该地是新英格兰人最早的聚居地之一，也是美国第一所高等教育机构哈佛大学的所在地。皮尔士的父亲正是哈佛大学的数学和天文学教授本杰明·皮尔士（Benjamin Peirce，1809—1880）。本杰明在数学和天文学领域获得了相当的成就，1997年，人们以他的名字命名了一颗主带小行星。[①] 本杰明在数学和科学方面的才智被儿子查尔斯所继承。从血统上来说，皮尔士家族是典型的新英格兰人，祖辈都是普通的自由劳动者，如农夫、手工业者、店铺主、对外贸易商人等。或许是因为皮尔士的祖父成了哈佛大学的一名图书管理员，这个家族"近水楼台"而慢慢踏上了学

---

① See https://www.spacereference.org/asteroid/29463-benjaminpeirce-1997-tb.

术研究的道路。此外,皮尔士的母亲是马萨诸塞州议员的女儿,因此这个家庭的社会地位不仅得到了最高教育领域的认可,也得到了政治界的认可。皮尔士的五个兄弟姐妹中最小的那位成为了一名外交官,最大的那位兄长则接替了本杰明在哈佛大学的数学教授讲席。

皮尔士的传记作者布伦特(Joseph Brent)指出,皮尔士是其父亲最钟爱的一个孩子。[1] 在皮尔士幼年时,本杰明倾注了大量的时间来培养皮尔士的思维能力,尤其是逻辑和科学能力。在皮尔士的成长过程中,或许他的父亲过于强调了智力上的锻炼,而相对忽视了性格上的培养。根据布伦特收集的资料,无人否认皮尔士的才能,但关于皮尔士的性格或人格,不少人则颇有微词。因此,在《皮尔士传》(*Charles Sanders Peirce: A Life*)中,布伦特将皮尔士刻画成了近似"天使与魔鬼"的混合体,皮尔士一方面是天才的、睿智的、对科学和思考充满执着追求的难得人才,另一方面则是纨绔子弟般的、自私的、刚愎自用的、难以相处的怪人。[2] 当这两种冲突的色彩融合在一个人身上时,往往就会造就这个人生活上的悲剧。

皮尔士拥有相当不俗的出身,在其生命的中前期过着优渥的生活。他在哈佛大学获得了文学硕士学位,此后,又以优异的成绩获得了化学学士学位。学业结束后,皮尔士凭借其父亲的关系在美国海岸和大地测量局(United States Coast and Geodetic

---

[1] 参见布伦特:《皮尔士传(增订版)》,邵强进译,上海人民出版社2008年版,第66页。
[2] 布伦特:《皮尔士传(增订版)》,邵强进译,上海人民出版社2008年版,第1—33页。

Survey)找到了一份助手的工作。一开始,这只是一份类似兼职的工作,但后来他成了该机构一名重要的研究者,并被委任为钟摆研究项目(一项有关重力的研究)的负责人。皮尔士与美国海岸和大地测量局的关系一直维持到1891年年底他被劝解离职之时。这份长达30年的科学工作,让他有机会接触到当时欧洲相关领域最好的同行和最新的科学思想,这也为他的哲学思考提供了自然科学方面的启发。在这些年间,皮尔士曾在哈佛天文台担任助理,发表了科学论文《光度研究》(Photometric Researches)。皮尔士也曾在霍普金斯大学兼职逻辑学讲师,杜威(John Dewey, 1859—1952)便是他那时的学生之一。美国海岸和大地测量局的工作对皮尔士而言似乎仅仅是一个可以为他提供稳定收入的岗位,他一直梦想着在大学里谋得一份哲学或逻辑学教职,然后彻底离开海岸和大地测量局。哲学思考和写作是皮尔士从未放弃过的事业,也是他一直期待能够得到认可的事业。

然而,不幸的是,皮尔士在没有得到任何大学教职的情况下丢掉了海岸和大地测量局的工作。皮尔士在他父亲去世后获得了一笔可观的遗产,但他的理财和金融投资计划没能获得好的结果,以致在余生经常需要为一些杂志期刊、词典撰写文章和词条来赚取报酬。皮尔士或许挥霍了他的钱财,但他没有浪费他的哲学才能。即便在生命最后遭受疾病折磨的时光,他也仍然坚持思考和写作。恰是在这一段时期,皮尔士对符号哲学(三元符号学, semiotics)进行了深入研究。但除了偶尔得到一些讲座的机会,皮尔士没能在大学的学术环境里发展和讲授他的哲学。皮尔士的一项庞大的哲学出版计划被出版社搁置,因此他生前没能出版任何一部系统的哲学论著。

出生于良好的上层社会家庭、获得了当时最好的教育,并可以得到差不多最好的社会资源,皮尔士的生活却似乎日益走向了衰败和贫困,让人唏嘘不已。布伦特将皮尔士形容为"瓶中的黄蜂"[1],自己构建了一个抽象的世界,并被束缚其中,但却以惊人的执着试图找到离开瓶子的路。张留华进一步将皮尔士的悲剧人生放到美国当时的时代背景中,指出社会对个人生活的苛刻、美国经济的萧条,以及整体物质至上的社会风气均是除皮尔士自身因素之外构成其悲剧的原因。[2]

皮尔士在穷困潦倒中结束了一生。然而,从他留下来的1.2万页已出版的文稿以及8万多页未出版的手稿中,我们似乎看到了他为后世研究者留下的熠熠生辉的希望。在皮尔士逝世之后,他的部分手稿被整理出版,西方学界开始对其思想进行不断的研究和发扬。遗憾的是,除了译著外,国内尚未出现一本引介性的研究专著。这本小书旨在弥补这一遗憾。

本书重点关注皮尔士的哲学思想。第1章将尝试讨论皮尔士哲学的思想来源。皮尔士主要受到古希腊哲学和经院哲学、德国古典哲学、英国经验主义传统,以及近代科学思想的影响,这四重思想来源绘就了皮尔士思想的底色。第2章将讨论皮尔士的宇宙论,这是因为宇宙论在皮尔士哲学中占据着基础性的位置。

---

[1] 布伦特:《皮尔士传(增订版)》,邵强进译,上海人民出版社2008年版,第471页。
[2] 参见张留华:《皮尔士哲学的逻辑面向》,上海人民出版社2012年版,第26—30页。

宇宙论包含的连续论(synechism)、偶成论(tychism)，以及泛爱论(agapism)等立场为我们后续讨论皮尔士在现象学、规范科学、认识论，以及实用主义方面的思想奠定了基础。宇宙的自我呈现在心灵中被把握为现象，于是，紧接着的第3章讨论皮尔士现象学。但"现象"仅涉及心灵对这个宇宙最为基本的观察，对现象结构和内容的进一步探究则须诉诸皮尔士所谓的规范科学。故而，随后的第4章讨论皮尔士的规范科学思想。皮尔士对现象的理解不同于康德和黑格尔，他因此需要以一种十分不同的方式重构对现象的理解。皮尔士具体诉诸符号(sign)来实现对现象的把握和认知，他的符号哲学在第5章中进行讨论。最后，第6章对皮尔士的实用主义展开讨论。这样编排，是因为皮尔士的实用主义长期被误解，我们只有理解了皮尔士思想的其他方面，才能重申皮尔士的实用主义。

本书尝试以简要的方式呈现皮尔士思想中关键的部分，我们会在讨论的征途中遭遇他的范畴表、探究理论、真理论、实在论、实用主义，以及宗教哲学等关键思想地貌。我们期待这些初步的讨论，能够为读者提供一幅可以进一步探索皮尔士思想迷宫的粗略图记。

1. 思想来源

皮尔士的阅读范围十分广泛,他对哲学史和科学史均有着相当深入的思考。在哲学方面,据皮尔士自述,他在 16 岁时开始研读康德哲学。① 在哈佛大学求学期间,他还跟随著名植物学家、动物学家和冰川学家阿加西(Louis Agassiz, 1807—1873)学习分类学(Classification)。尽管皮尔士提出的实用主义哲学常被视为对传统思辨哲学的反叛,但这并不意味着他对传统哲学的所有观念均持反对态度。事实上,皮尔士从古希腊到德国古典哲学的各类思想传统中承袭了相当多的哲学观念。亚里士多德哲学以及受亚里士多德影响的经院哲学传统对皮尔士的实在论的形而上学(realistic metaphysics)和逻辑学带来了深刻的影响;德国古典哲学也在一定程度上促成了皮尔士的范畴理论和客观观念论。此外,英国经验论下的苏格兰常识论也被皮尔士吸收纳入其哲学系统之中,为其实用主义和可错论奠定了根基。皮尔士思想还受到近代其他科学发展的影响,例如,物理学中的热力学第二定律和生物学中的演化论。在具体讨论皮尔士哲学之前,本章拟对皮尔士思想的下述四种来源进行扼要的交代和分析:古希腊哲学和经院哲学、德国古典哲学、英国经验主义传统,以及近代科学思想。

---

① 参见布伦特:《皮尔士传(增订版)》,邵强进译,上海人民出版社 2008 年版,第 51 页。

这四股绳索构成了皮尔士自身的思想脉络。

1.1 古希腊哲学和经院哲学

"实在论的形而上学"是皮尔士哲学中的核心部分,却也是诸多当代实用主义者最不愿意接受的一个部分,而这一思想恰源于他对古希腊哲学和经院哲学的接受。成熟时期的皮尔士坚持认为,在本体论意义上,不仅仅存在个体,还存在实在的(real)共相和可能性,个体与实在的共相和可能性共同构成了我们所谓的世界。他将自己视为一名"带有经院倾向的亚里士多德主义者"(Aristotelian of the scholastic wing)①,之后他将该立场称为"极端经院实在论"(extreme scholastic realism)②。

皮尔士的早期文章显示,他对实在论并无好感。在 1865 年

---

① CP 5.77. 本书采用国际皮尔士研究所采用的常见引用形式,CP 指 C. S. Peirce, *The Collected Papers of Charles Sanders Peirce*, vols.1 - 6, C. Hartshorne & P. Weiss (Eds.), with vol.7 - 8, W. Burks (Ed.), Cambridge, MA: Harvard University Press, 1931 - 1935, 1958。引用时采用 CP 加卷数加段落编码格式,例如 CP 1.324 指第一卷第 324 段。EP 指 *The Essential Peirce: Selected Philosophical Writings*, vol.1(1867 - 1893), vol.2(1893 - 1913), the Peirce Edition Project (Ed.), Bloomington: Indiana University Press, 1998。引用时采用 EP 加卷数再加页数格式。W 指 *Writings of Charles S. Peirce: A chronological edition*, Edward C. Moore, Max H. Fisch, etal. (Eds.), Bloomington: Indiana University Press, 1982, 1984, 1986, 1989, 1993, 2000, 2009。引用时采用 W 加卷数加页码格式。MS [R]指未发表的手稿, *The Charles S. Peirce Papers*, *microfilm edition*, Cambridge: Harvard University Photographic Service. With the reference numbers by Richard Robin, Annotated Vatalogue of the papers of Charles S. Peirce. Amherst, MA.: University of Massachusetts Press, 1967, 引用时采用 MS [R]加手稿编号格式。

② CP 8.208.

的一篇反心理主义的文章中,皮尔士写道:"性质是虚构之物,因为尽管玫瑰是红的是真的,然而红却仅仅是出于哲学的目的而被编造出来的;但是只要我们知道它所暗含的经院实在论是错的也就没什么害处。"① 他也指出:"实在,所有的实在都是名义上的、意指性的和认知性的。"② 皮尔士学者将这种偏唯名论的立场称为认知主义(cognitionism)。③ 但是后来,在与一位仰慕霍布斯(Thomas Hobbes,1588—1679)的精算师巴内特(Samuel Barnett)的通信中,皮尔士写道:

> 在我看来,你对霍布斯的崇拜是一个巨大的错误。我曾经和你有同样的想法,直到我对经院哲学的多年研究让我首次接近了一半的真理。但直到我完全致力于逻辑学大约20年后,即直到1889年左右,我才能看到这个完全的错误。也就是说,我完全否认唯一的实在就是确定的个体对象。在"普遍项"(generals)这个名字下,混淆了两种完全不同的事物。其中一个类别是普遍事实,或者说是"将会是"(would-be),例如自然法则……另一个类别……应该被称为不确定性,或者说是"可能是"(can-be)。例如,我认为这是一个实在的事实,一个物体的质心(center of the mass)是可以沿直线移

---

① W1: 307.
② MS 931.
③ See Max Fisch, "Peirce's Progress from Nominalism Toward Realism." *The Monist*, 51.2(1967): 159-178.

动的,尽管在实际情况中,它从未这样移动过。①

在这段话中,皮尔士表达了他从经院哲学家那里继承的共相实在论立场。在他看来,实在论与唯名论的主要分歧在于:规律和受规律限制的个体,何者更为重要?这个问题通常被表述为"共相是否是实在的"。随着皮尔士对科学逻辑的思考进一步深入,他发现若仅仅承认个体是实在的,会让很多现象难以得到真正的解释。例如,个体之间的关系,"关系"或是被归于人类认知的性质,但人类认知为什么具有这样的性质这一点却未得到解释;人们可能会诉诸关系间的相似性,但相似性本身也无法得到解释。在皮尔士看来,那些只承认个体实存的唯名论立场拒绝回答这类问题,阻碍了科学解释的道路。但是,皮尔士依然坚持"实在的"是一种认知属性,这就带来如何认知关系、共相之类的问题。

皮尔士所说的经院哲学,尤其是邓斯·司各脱(John Duns Scotus,约1265—1308)哲学,恰好为此提供了一种综合方案。司各脱(包括大部分经院哲学家)认为共相大都是依赖于心灵而存在的,实存的事物都是个体性的。但是,司各脱这类的温和实在论者认为,心灵中的共相源自在个体中存在着的实在的共性本质(real common nature),而唯名论者(例如奥卡姆,William of

---

① See Max Fisch, *Peirce, Semeiotic, and Pragmatism*, Bloomington: Indiana University Press, 1986, p. 228.

Ockham,约1287—1347)则认为,共相仅仅是心灵为了便利而进行的虚构。皮尔士接受了司各脱对"实在"的定义,即"不管任何人是否思想它拥有这些特征,它都拥有这样那样的特征"①。该定义与实在作为一种认知属性并不矛盾,因为它是根据认知而被定义的。需要强调的是,实在与实存(existence)不同,前者是一种与心灵相关的认知特征(cognitionary character),后者是一种与外在环境发生相互作用的存在方式,用皮尔士的话来说,实存体现的是一种动态特征(dynamic character)。② 一个实存的东西是实在的,但一个实在的东西未必一定实存。正是基于这一点,某些共相在皮尔士和司各脱那里才可以被视为是实在的——因为共相是被理智(心灵)所把握的对象的共性(common nature),尽管它并不独立于任何个体而实存,但独立于人们对之的构想或认知,因而它是实在的。关于皮尔士的实在论,我们将在5.3节做出具体讨论。

认为"某些共相是实在的",这种经院实在论观点构成了皮尔士哲学的一个重要成分。皮尔士写道:"在我们讨论实用主义的证明之前,有必要权衡一下经院实在论的利弊,因为实用主义几乎不可能进入一个尚未承认实在一般项的头脑中。"③实用主义认为一个概念的意义在于它所产生的一般性效果或习惯,具有条件句的形式:"如果……,那么……将会……。"在皮尔士看来,这种

---

① CP 5.430.
② See CP 5.503.
③ CP 5.503.

"习惯"作为一般项,本身就是一种共相或普遍规律,因为它无法被单个效果所完全枚举。

如皮尔士所言,经院实在论让他见到了半个真理,还有另一半真理则来源于亚里士多德的教导。按照费奇(Max Fisch)的描述,皮尔士的哲学生涯经历了三个时期:第一个是坎布里奇时期(主要研究逻辑学);第二个是周游时期(主要研究科学);第三个是阿里斯贝时期(主要研究哲学)。[①] 费奇认为,在周游时期,皮尔士开始认真对待古希腊哲学(尤其是亚里士多德哲学),而在最后一个时期,他则根据古希腊哲学来尝试修正和完善自己的哲学图景。完全刻画古希腊哲学对皮尔士哲学的影响无疑会是一项十分艰巨的任务,但容易看到的是,皮尔士哲学继承了至少三项亚里士多德的遗产。

第一项遗产是与经院实在论相关的连续论。经院实在论拒绝认为这个世界完全是由原子式和离散的个体或事实构成的,皮尔士进一步认为,我们应该遵循这样一种逻辑原则,即逻辑的起点——科学假设——不应该被视为某个不可被分解(即不可理解)的原子事实。[②] 皮尔士将这种范导原则(Regulative Principle)称为连续论。这种连续论的思想来源于对连续性的具体理解,皮尔士认为亚里士多德是该观念的最早阐发者。亚里士多德在《物理学》(*Physics*)一书中指出:(1)连续之物不可能由不可分的部

---

① See Max Fisch, *Peirce, Semeiotic, and Pragmatism*, Bloomington: Indiana University Press, 1986, p. 227.

② See CP 6.169, CP 6.173.

分合成,(2)任何连续事物都能分成永远可再分的部分。① 连续性可以被理解为一种顺接,当事物之间联结的外在界限变为了同一个,我们就称之为连续的。皮尔士认为,亚里士多德所刻画的共外限(common limit)是真正连续性的核心特征之一,并将之称为"亚里士多德性"(Aristotelicity)。② 亚里士多德的连续性概念与潜能性(potentiality)概念密不可分,正是这种包含潜能的连续性让皮尔士建构了一个基于"生长"的演化的宇宙观。我们将在2.2节中具体讨论皮尔士的连续论。

第二项遗产是外展推理(溯因推理,abduction)。逻辑学是皮尔士哲学中的枢纽性构件,外展推理则是其逻辑学中最重要的发现。皮尔士明确将外展推理归功于亚里士多德对三段论的讨论,尤其是《前分析篇》(*Prior Analytics*)第二卷第二十五章所讨论的一种推理形式。在这处文本中,亚里士多德讨论了这样一种推理:A 是"能够被传授的",B 是"知识"③,G 是"正义";现在 AB(即"知识是能够传授的")是很明显的,而 GB(即"正义是知识")则不是明显的;若 GB 与 GA(即"正义是可传授的")同样可信或更可信,那么这就是在做出外展推理(Apagögé)。④ 通常的理解是将该推理理解为第一式的三段论,即"大前提:知识是能传授

---

① 参见亚里士多德:《物理学》,张竹明译,商务印书馆 1982 年版,第 163—169 页。
② See CP 6.123. common limit 中的 limit 指的是一个事物与另一个事物联结时所需要突破的边界。皮尔士定义的连续性的另一特征则是他所谓的康德性(Kanticity)。
③ 在此翻译为"知识"的原词为 science。
④ See CP 7.250.

的;小前提:正义是知识;结论:正义是可传授的"。但皮尔士认为,亚里士多德的原始文献或许遭受了损害,他在此本应刻画另一种不同于第一式三段论的推理,而不是重复此前已经讲过的内容。皮尔士认为亚里士多德想要刻画的就是外展推理,其结论是一个事实,并通过大前提和结论来证明小前提,如"大前提(明显命题):知识是能传授的;结论(事实):正义是可传授的;小前提(对事实的解释):正义是知识"①。就此而言,外展推理是对一个观察到的事实进行进一步解释的推理。正是基于这一理解,皮尔士认为溯因是不同于演绎和归纳,并可以与二者同为基本推理形式的第三种推理形式,而且它是唯一一种可以引入新内容的推理。② 后文将多次论及外展推理在皮尔士思想中发挥的作用。

第三项遗产是**终极因**(目的因,final cause)概念。皮尔士继承了亚里士多德的终极因概念,认为终极因是我们这个世界必不可少的一种解释构造。亚里士多德在《物理学》第二卷提出了四因说,认为事物的存在和变化有四种解释方式。(1)质料因(material cause),指事物的物质组成或实体基础。(2)形式因(formal cause),指事物的本质、结构或形式。(3)效力因(efficient cause),指事物的产生和变化的直接原因。(4)终极

---

① 皮尔士具体的分析请参见 CP 7.234 - 7.251。
② 需要指出的是,有学者认为皮尔士对亚里士多德该段文本的理解是错的,亚里士多德哲学中蕴涵外展推理的文本不是皮尔士所关注的那一段,而是《后分析篇》(*Postericr Analytics*) I. 13 78a22 - 78b11。See Jorge Alejandro Flórez, "Peirce's Theory of the Origin of Abduction in Aristotle", *Transactions of the Charles S. Peirce Society*, 50.2(2014): 265 - 280.

因,指事物存在和变化的目的或目标。① 皮尔士认为,尽管在近代哲学和科学的发展中,由于机械论的盛行,亚里士多德的终极因似乎被抛弃了,但是当我们试图解释更多的现象,尤其是生长现象时,终极因几乎是一个不可或缺的概念工具。终极因概念为皮尔士的演化宇宙论提供了解释事物和范畴演化的基本原则——演化总是一种具有方向和倾向性的变化模式。当然,皮尔士在亚里士多德的基础上,对原因概念做了进一步的发展。例如,他几乎不谈论质料因和形式因,因为皮尔士的哲学不是以实体而是以关系为核心,因此个体性的原因(如质料因和形式因)就被淡化了。最终亚里士多德的四因被皮尔士简化为了两类原因:解释直接作用的效力因和解释规范效力的终极因。我们将在5.2节中对皮尔士的终极因做出具体讨论。

总结而言,经院哲学(尤其是司各脱)和亚里士多德为皮尔士的形而上学提供了基础性的思想资源,其基础性体现在皮尔士的其他理论,包括实用主义、符号学、宇宙论等都以此为基点。我们将在下文中展开详细的讨论。

1.2 德国古典哲学

皮尔士哲学中另一处明显的思想源头,是以康德(Immanuel

---

① 参见亚里士多德:《亚里士多德全集》(第二卷),徐开来译,苗力田主编,中国人民大学出版社1991年版,第37—41页。

Kant,1724—1804)、黑格尔(Georg Wilhelm Friedrich Hegel,1770—1831)和谢林(Friedrich Wilhelm Joseph Schelling,1775—1854)为代表的德国古典哲学。皮尔士从十几岁就开始阅读康德著作,青年皮尔士的思想便是以康德哲学为底色的。1905年,时年66岁的皮尔士写道:"现在的作者(即皮尔士本人)曾是一个纯粹的康德主义者,直到他被迫逐步进入实用主义。康德主义者只需从内心深处否认可以构想物自身……便可成为实用主义者。"① 除了关于物自身的思考,皮尔士从多个方面吸收了康德哲学的其他资源,其中,对皮尔士最为显著的影响体现在他的范畴理论(以及现象学)和规范理论上。

为了解释我们如何从杂多的经验中形成清晰的认识,康德基于亚里士多德以来的逻辑判断形式,提出了四组(每组又分别包含三个)范畴表。② 皮尔士早期提出的新范畴表也在试图刻画我们从对事物在场(即实体)的察觉到最终认识到其为何物(即存在)的条件,并提出从实体到存在这两个范畴之间还存在着其他三个范畴:性质、关系和表征。在康德哲学中,范畴是先验的,即不是从经验中归纳出来的,而是我们心灵的基本结构。皮尔士对康德的先验论以及随之而来的先验观念论并无好感,但是,康德关于范畴的基本三分法深深地影响了他。最终,皮尔士将自己的基本范畴简化为了三种:第一性(firstness),第二性(secondness)

---

① CP 5.452.
② 参见康德:《康德著作全集(第2版)》(第三卷),李秋零主编,中国人民大学出版社2013年版,第85—88页。

和第三性(thirdness)。这三个基本范畴在不同领域内分别体现为不同的东西,如在形而上学中体现为潜在性或可能性、现实性(Actuality)或实存性,以及必然性或实在性;在意识中体现为感受、意志和思想,等等。此外,起始于康德的关于表象或表征(representation)的范畴讨论从根本上为皮尔士的符号哲学奠定了基础,使其发展出了不同于索绪尔(Ferdinand de Saussure,1857—1913)符号学(semiology,二元符号学)的三元符号学。在皮尔士看来,一个真正的符号必然具备符号、阐释项和对象的三元结构。通过对范畴提出更为一般的理解,皮尔士将康德那里的先验的心灵范畴(认识方式)转变为事物的存在范畴(存在模式),同时也将康德用于统摄经验的先验设定(不管是范畴还是自我)转化为在共同体中展开的符号表征活动的无限演绎。我们将在3.1节中讨论皮尔士对康德哲学的背离,在3.4节中讨论皮尔士对现象的重构,并在5.1节等处讨论皮尔士对符号的阐释以及他所构建的符号哲学。

皮尔士的规范科学构成其哲学体系中与现象学和形而上学并列的另一个核心部分。皮尔士对科学(广义的知识)的分类有着浓厚的兴趣,不仅受到如实证主义者孔德(Auguste Comte,1798—1857)等人有关科学分类的影响,还尤为关注康德哲学所表现出来的理论建筑术(Architecture of Theories)。"规范科学"正是皮尔士在实施这种"理论建构术"时提出的立场。[1] 皮尔士

---

[1] See CP 1.176,CP 6.7－9.

认为,康德是这种建构术最大的推动者,其批判哲学通过对人类知识和理性进行的批判分析,以寻求自然科学和道德哲学的基础。这种批判性的方法是自我反思的,也是具有建设性的,旨在明确我们可以知道什么,如何知道,以及应该如何行动这三类问题。而这正是皮尔士在进行科学分类时所遵循的逻辑。规范科学以现象学为基础,形而上学以规范科学为基础,而在规范科学的内部,逻辑学以伦理学为基础,伦理学以美学为基础,以此将"知识和真"奠基在"正当和善"之上,将"正当和善"奠基在"目的和美"之上。逻辑学、伦理学和美学被称为规范科学的原因在于,逻辑学讨论"应该如何正确地思考",伦理学讨论"应该如何恰当地行动",美学讨论"应该追求什么样的目的"。于是,正确的思考应该以恰当的行动为准则,也即我们所使用的概念应该根据其造成的实际行动来解释,而行动又必须根据一个"目的"才能得到最终的解释,这种思想才是真正的皮尔士的实用主义。可以说,康德的批判性哲学或奠基性哲学框定了皮尔士哲学体系的主要内容。我们将在4.1节具体讨论皮尔士的规范科学。

除了康德外,黑格尔与谢林对皮尔士也有一定的影响。这种影响大概不是直接来自皮尔士对他们著作本身的研读,而是来自当时与皮尔士有交往的其他美国哲学家,例如罗伊斯(Josiah Royce,1855—1916)和哈里斯(William Torrey Harris,1835—1909)。皮尔士自己也主动认识到他的某些哲学主张与这两位德国哲学家有一些实质的共同之处。皮尔士在1898年左右曾明确说过,自己对黑格尔没有深刻研究过,但是他又在很多不同场合说自己的哲学复兴了黑格尔哲学。① 或许是在为罗伊斯的《世界与个体》(*The World and the Individual*) 一书写书评的时候,这位美国黑格尔主义者让皮尔士看到了其哲学与黑格尔哲学间的亲密性。皮尔士说道,黑格尔"对哲学中最基本的一些概念的阐述……对其思想有极大的帮助……其中,第一个概念是中介概念,最重要的概念是连续性概念"②。1890年,哈里斯出版了《黑格尔的逻辑学:论思想范畴的起源》(*Hegel's Logic: A Book on the Genesis of the Categories of the Mind*),皮尔士在阅读该书之后开始对黑格尔的现象学大加赞赏,认为这是当时最为深刻的作品。③ 黑格尔的精神现象学与皮尔士的现象学之间存在相似性,这主要体现在皮尔士对三个基本的范畴、中介性,以及连续性等概念的强调等,这是毫无疑问的。但是,皮尔士并不满意黑格尔的"绝对主义"和过于强调第三性(思想),以及使这一范畴进一步统摄另外两个范畴的做法,等等。实际上,他最后认为自己的哲学更为亲近谢林哲学而不是黑格尔哲学。④ 目前并没有证据表明皮尔士对谢林有较深刻的阅读,但谢林客观观念论所主张的物质与心灵之间的连续性和本质上的同一性在皮尔士哲学中得到了重申。⑤ 我们将在3.2节和3.4节中讨论皮尔士思想和黑格尔思想之间的异同。

---

① See MS 943, CP 1.42.
② MS 1461.
③ See MS 478:28.
④ See CP 6.605.
⑤ See CP 6.158.

1.3 英国经验主义传统

虽然皮尔士的形而上学、范畴理论和逻辑学等受到了亚里士多德和经院哲学,以及德国古典哲学的深刻影响,但这些影响没有使皮尔士的哲学发展为一种思辨哲学。原因之一在于,皮尔士的思想来源还包括英国经验主义传统。1910年前后,皮尔士与巴内特的通信被皮尔士研究者视为其思想自传的极佳范例,在这封信中,皮尔士讲述了他早期阅读的哲学、逻辑学和科学书籍,以及历史上的思想家们对他的启发。其中,除了古希腊和中世纪的哲学家外,皮尔士也阅读了霍布斯、培根(Francis Bacon,1561—1626)、洛克(John Locke,1632—1704)、贝克莱(George Berkeley,1685—1753)、休谟(David Hume,1711—1776)以及里德(Thomas Reid,1710—1796)等英国经验论传统中哲学家的著作。[1] 并且,皮尔士对英国经验主义的阅读似乎要早于对中世纪经院哲学的阅读,证据是皮尔士早期自称是一名唯名论者,直到发现并深入研究了司各脱哲学之后,他才逐渐转变为一名实在论者。在皮尔士眼中,英国经验论者近乎全部是唯名论者。[2] 他在写给巴内特的信中说道,自己曾经也对霍布斯很是推崇,直到阅读了司各脱。[3]

---

[1] See Richard H. Popkin and Robert G. Meyers. "Early Influences on Peirce: A Letter to Samuel Barnett." *Journal of the History of Philosophy*, 31.4(1993): 607-621.
[2] See CP 1.19.
[3] See Max Fisch, *Peirce, Semeiotic, and Pragmatism*, Bloomington: Indiana University Press, 1986, p. 227.

1. 思想来源

皮尔士曾指出有两个与实用主义紧密关联的理论,一个是前文提及的经院实在论,另一个便是英国经验主义传统(苏格兰哲学)下的常识主义哲学。在皮尔士那里,二者分别被改造为了极端经院实在论和**批判常识论**(Critical Common-Sensism)。批判常识论是皮尔士在里德常识哲学和康德批判哲学之间进行融合的产物。里德提出了一种"常识的第一原理"(first principles of common sense),即我们不应该怀疑那些日常经验赖以维系的概念。里德如是说道:

> 正如我所认为的那样,如果有某些原则是我们的本能构成促使我们所相信的东西,并且我们在日常生活的普通事务中必须认为它们是理所当然的,但是无法为之提供理由,那这些就是我们所称之为常识的原则;而明显与之相悖的,就是我们称之为荒谬的东西。①

与理性主义的代表人物笛卡尔不同,这种不可怀疑的东西,并不是理性上的不可怀疑,其不可怀疑的根由在于,这些常识构成了我们所有人共有的生活经验。皮尔士在里德的常识观念上进一步指出,"常识"具有不可怀疑性,仅仅是因为它们是我们获得的最初信念,它们没有可为其提供辩护理由的其他信念,因此它们本身是非批判性的(acritical)。里德将这种不可怀疑性归于所有

---

① Thomas Reid, *An Inquiry into the Human Mind on the Principles of Common Sense*, D. R. Brookes (Ed.), University Park, PA: The Pennsylvania State University Press, 1997, p. 33.

人共有的本能,皮尔士则进一步指出人的本能也是随着时间变化的,并且本能也仅仅在"应用于类似原始生活方式的事务时才能保持不可怀疑"①。因此,皮尔士的批判常识论在反对怀疑论的同时,更加注重常识本身的可错性和可怀疑性。这也进一步体现了皮尔士的演化论和反基础主义的基本立场。

另一位值得一提的经验论传统哲学家是伯恩(Alexander Bain,1818—1903)。费奇曾经考察过这样一个问题:"到底谁是实用主义的祖父?格林还是伯恩?"这个问题始于皮尔士关于实用主义如何诞生的一段话:

> 尼古拉斯·圣约翰·格林(Nicholas St. John Green)是最有趣的人之一……具体来说,他经常催促人们使用伯恩对信念的定义,即信念"作为人据之准备行动的东西"。依据这个定义,实用主义就仅仅是一个推理的结果。因此,我倾向于将他视为实用主义的祖父。②

这段话有一个模糊之处,即到底谁是实用主义的祖父?按照佩里(Ralph Barton Perry,1876—1957)的理解,实用主义之父是格林,祖父是伯恩,而皮尔士作为实用主义创始人(之父)的想法,完全是詹姆士(William James,1842—1910)的个人看法。然而,费奇根据诸多文本证据指出,皮尔士其实是将自己视为实用主义的父

---

① EP 2: 349.
② CP 5.12.

亲,视格林是祖父。① 考虑到伯恩有关信念的定义(信念作为行动倾向)与皮尔士在阐释实用主义准则时所提出的思想的亲和性,以及形而上学俱乐部其他成员对伯恩的阅读和熟悉,将伯恩视为实用主义在不列颠的祖先,并无不妥。伯恩认为,信念本质上并不是当时所讨论的感受或理智,或二者的混合物,尽管信念包含这两个要素;信念最根本的特征是一种以持续的方式行动的倾向,是一种包含意志或欲求的状态。② 皮尔士对实用主义准则的表述基本上继承了伯恩对信念的描述——信念有着理智意旨(intellect purports),体现了行动的习惯。

皮尔士的宇宙论、规范科学、符号学以及实用主义等思想,甚至其哲学体系的方法论原则,本质上都是经验主义的。理性的原则或命题永远处在无限的推理链条之中,它们都是可被怀疑的,都是需要理由支持的。我们的知识总是来自现实的经验(知觉),依赖我们与环境之间的交互活动而形成的生物本能,以及既有的知识储备。知识的获取或探究过程是一个无限的、连续的过程,我们只能在经验不断地试错中,才逐步接近所谓的真理。

1.4 近代科学思想

皮尔士30多年以来的实验科学研究经历以及这些年间接触

---

① See Max Fisch, *Peirce, Semeiotic, and Pragmatism*, Bloomington: Indiana University Press, 1986, p. 81.

② See Max Fisch, *Peirce, Semeiotic, and Pragmatism*, Bloomington: Indiana University Press, 1986, pp. 82 – 86.

到的现代科学思想,都对其哲学体系的形成起到了不可磨灭的作用。在美国海岸和大地测量局和哈佛天文台供职期间,皮尔士对物理学和天文学领域中的重力测量学、摆线研究、观测错误理论以及度量衡理论等话题做出了许多具有原创性的讨论。皮尔士也加入了多个当时著名的专业科学组织,包括美国国家科学院(National Academy of Sciences)、美国文理科学院(American Academy of Arts and Sciences)、伦敦数学学会(London Mathematical Society),以及纽约数学学会(New York Mathematical Society)。毫无疑问,皮尔士有足够的条件和能力来反思19世纪自然科学提供的思想,这些反思很多直接体现在他作为专业书籍书评人而为《国家报》(The Nations)撰写的诸多文章中。

在当时的自然科学中,有两个领域对皮尔士哲学产生了明显的影响。一是皮尔士自己从事的物理学领域,另一个是生物学领域。在19世纪的物理学领域中,热力学、电磁学、统计力学和光学等都取得了新的成就,其中最能激发皮尔士的哲学思考的是热力学对能量守恒和转化的描述,以及统计力学对微观粒子与宏观现象之间联系的解释。皮尔士引述过克劳修斯(Rudolf Clausius,1822—1888)、麦克斯韦(James Clerk Maxwell,1831—1879)以及玻尔兹曼(Ludwig Eduard Boltzmann,1844—1906)等物理学家的工作。[1] 皮尔士深知,若从牛顿以来的力学传统看,整个宇宙将是

---

[1] See CP 5.364, EP 2: 187.

完全被确定的;这种决定论的图景随着其对宇宙论思考的越发深入而越难以维系。皮尔士也认识到当时讨论的能量守恒定律与很多不可逆的现象之间存在一定的解释鸿沟:

> 能量守恒定律相当于这样的命题:所有遵循力学法则的作用都是可逆的。因此一个直接的推理是,生长过程无法用这些法则来解释,即使生长过程并未违反这些法则。①

那么,如何解释那些不可逆的生长现象呢?皮尔士认为,在不可逆的过程中,我们必须引入终极因或目的概念,而热平衡就是这样的一个例子。在一个固定孤立的物理系统中(例如,一个孤立的固定容器),其温度在时空上将趋于恒定,整个过程将是不可逆的。而气体分子动力学对此的解释是引入分子的随机运动,并从宏观的统计效应来解释这种现象,而非通过对每一个分子进行力学的计算。皮尔士认为,这是一种令人满意的解释不可逆现象的方案。皮尔士哲学中的"偶成论"所承诺的"绝对机会性"(absolute chance)也由此得到了物理学上的说明。

机会性、可能性或随机性在皮尔士的宇宙论和形而上学中发挥着关键的作用,皮尔士也将对"机会性"在物理科学中所起作用的观察运用于生物学。皮尔士曾如下描述他接触达尔文(Charles Robert Darwin, 1809—1882)《物种起源》(*On the Origin of*

---

① CP 6.14.

Species)时的情景：

> 当达尔文的伟大著作出版时，我正在路易斯安那州的荒野中勘察，虽然通过信件了解到它引起了巨大轰动，但我直到第二年夏天初才回来。我发现赖特（Chauncey Wright, 1830—1875）对达尔文充满了热情，达尔文的学说在他看来是对密尔学说的一种补充。我记得很清楚，我当时对他说了一句话，虽然他不赞同，但显然给他留下了深刻的印象，足以让他困惑。这句话是说，这些发展的思想远比他最喜欢的其他任何一种观念都具有更强的生命力……他问我为什么这么说，我回答说，因为密尔的学说不过是一种形而上学的观点，而达尔文的学说是由积极的观察所滋养的，这对前者来说一定是致命的缺陷。①

多年之后皮尔士在建构自己的形而上学时，没有忘记达尔文在《物种起源》里提出的划时代的理论。变异和自然选择是达尔文演化论的两个核心教条，其中，至少在皮尔士看来，变异本质上是完全随机的事件。高度复杂和有序的生物结构和生态系统生物竟然可以用随机性来解释，皮尔士将之称为"机会催生秩序"（chance begets order）②。皮尔士认为，达尔文的想法与当时物理学的发展蕴含着近乎相同的洞见，而前者只是有关概率或随机性

---

① CP 5.64.
② CP 6.297.

的统计方法在生物学中的具体运用。①

值得注意的是,皮尔士认为达尔文的演化理论是一个纯粹由机会性掌握的过程,虽然同意确实存在纯粹的机会性或随机性(第一性实在),但是,他并不认为纯粹的机会性能够解释整个宇宙或生命的演化过程。皮尔士坚持认为,演化是一个具有方向性的过程,若演化过程没有方向性,那就不是演化而是简单的变化了。因此,皮尔士最终选择承认演化具有方向性和目的性的拉马克(Jean-Baptiste Lamarck,1744—1829)的进化理论作为他泛爱论的演化模型。② 此外,皮尔士与达尔文之间关键的不同之处在于,皮尔士认为进化的原动力是"爱"而非"机会"。机会性虽然是皮尔士演化宇宙论的核心要素之一,但由"爱"促成的连续性进化才是其整个演化最终的趋势和目的。

小结

亚里士多德和司各脱的实在论的形而上学、康德和黑格尔的范畴理论、规范科学理论和客观观念论、里德的常识主义和伯恩的信念理论以及克劳修斯等人的气体动力学和达尔文的生物演化论,构成了皮尔士思想的主要来源。这些思想资源覆盖了古希腊哲学、中世纪经院哲学、近代德国古典哲学、英国经验主义传统

---

① See CP 6.297.
② See CP 6.300.

以及19世纪的自然科学理论,可谓汇聚了近乎当时整个西方思想之精华。在本章中,我们尚未充分探讨皮尔士的数学哲学及其从数学观念中汲取的启示。皮尔士的思想源泉丰富多彩,其哲学愿景因此显得宏大。本章仅对皮尔士哲学的观念资源进行了简要阐述。在后续的讨论中,我们将深入剖析皮尔士哲学的细微之处,并在此基础上对本章提及的部分问题进行更为详尽的解读。

2. 宇宙论

宇宙遵循着必然的法则运行,其中,法则独立于所有人关于它的思考,科学探究的任务在于揭示这些客观法则——这种古典的或已成常识的观点如今在哲学中却备受批判,如库恩(Thomas Kuhn,1922—1996)、费耶阿本德(Paul Feyerabend,1924—1994)、罗蒂(Richard Rorty,1931—2007)及普莱斯(Huw Price,1953—)等人认为,科学的探究总是透过"属人"的"范式"滤镜进行的,[1]科学语汇因此仅是一种主观的语汇。[2] 罗蒂甚而认为,科学体现的不是对某种永恒不变之物的探索,而是科学共同体内成员协同和团结的结果。[3] 在类似的意义上,费耶阿本德指出,"好的科学是艺术或人文,不是指教科书意义上的科学"[4]。库恩等人的立场凸显了人在宇宙中的独特位置,这种立场虽然显得高傲,但亦凸显了以下问题,即我们究竟能否认识这个世界,究竟能否探知这个世界运行所遵循的法则?相较于库恩等人,皮尔士对这

---

[1] 参见库恩:《科学革命的结构》,金吾伦、胡新和译,北京大学出版社2012年版,第30—94页。
[2] See Huw Price, *Naturalism Without Mirrors*, Oxford: Oxford University Press, 2011, p. 186.
[3] 参见罗蒂:《偶然、反讽与团结》,徐文瑞译,商务印书馆2003年版,第20—21页;孙伟平编:《罗蒂文选》,孙伟平等译,社会科学文献出版社2007年版,第114页。
[4] 费耶阿本德:《告别理性》,陈健、柯哲、曹妍译,江苏人民出版社2021年版,第308页。

些问题予以肯定的回答。诉诸皮尔士的宇宙论,我们可以拒斥库恩等人的立场,进而恢复科学在哲学中丢失的尊严。

宇宙论在皮尔士哲学中有着基础性的地位,我们从中不仅可以看出皮尔士如何理解人在宇宙中的位置,还能发现科学的探究活动终能揭示法则的根本理由。对皮尔士现象学、规范科学、认识论以及实用主义等思想的讨论也多须诉诸皮尔士的宇宙论来理解。然而,胡克威(Christopher Hookway,1949—　)在近40年前便指出,皮尔士的宇宙论从未得到认真对待。[①] 布里奥斯基(Maria Brioschi)近来重新确认了这一情况至今仍未有明显改变。[②]

皮尔士在1880—1898年间对宇宙论有过诸多讨论。本章旨在将皮尔士的宇宙论阐释为一种科学的形而上学,基于这种形而上学,我们能够在一种不同以往的意义上重新确认科学探究仍旧是一项求真而兼容可错论的有效事业。我们认为,库恩等人的错误在于,他们将对科学的理解混同或取代为对宇宙或世界本身的沉思,因而缺乏或太过轻易地回避了形而上学方面的思考。皮尔士的宇宙论不仅有助于我们理解皮尔士哲学本身,也有助于重审科学哲学。本章前三节将完成这一理论目的,其中,我们将会论及皮尔士宇宙论的两项基本原理,即偶成论与连续论。2.4节将讨论皮尔士的泛爱论及其宗教哲学。在皮尔士那里,尽管神之

[①] See Christopher Hookway, *Peirce*, London: Routledge & Kegan Paul, 1985, p. 291.
[②] See Maria Regina Brioschi, "Hints Toward Cosmology: The Need For Cosmology in Peirce's Philosophy." *Scio. Revisa de Filosofia* 12 (2016): 52.

"爱"为连续论提供了保障,但上帝存在的证明仍须诉诸科学的论证,在科学与宗教的关系上,科学亦未失去其尊严。

2.1 偶成论

在首度公开讨论宇宙论的《设计与机会(1883—1884)》(Design and Chance, 1883—1884)一文中,皮尔士写道:"现在,所有已知的法则都源于机会,并且依赖于其他本身也是机会性的和更不严格的法则,以此类推,进入一个无限回归的过程。我们回溯得越远,法则的性质就越是不确定,通过这种方式,我们发现无限逼近对自然进行的完全解释是可能的。"① 这一表述体现了皮尔士宇宙论的首要奥义,即**机会是宇宙根本的客观属性**。② 皮尔士的这一理解既体现了其宇宙论的独特之处,也包含了对旧有理解的批判。

何为皮尔士所说的"机会"呢?与皮尔士的机会概念紧密相关的是"可能性"(possibility),在皮尔士的宇宙论语境下,机会和可能性这两个概念往往是可以互换的。皮尔士在阐述其经院实在论(也包括实用主义)时曾指出,经院实在论通常被认为主张某些实在对象是普遍的共相,但是"在相信这一点的同时,也不能不承认,还存在着实在的模糊性,尤其是实在的可能性(real

---

① W4: 551-2.
② See W4: 547, CP 6.201, et al.

possibilities)"①。对于皮尔士来说,实在的可能性不同于我们通常所说的可能性,它有着两个特征。其一,它独立于我们对它的认识,具有一定客观性,这不同于将可能性视为源于无知的一种认知主义观点。其二,它具有一种自发性,这意味着它本身并不在因果解释的范围内,即不在法则和规律的解释范围内。在皮尔士的宇宙论中,这样一种在既有法则和规律之外的客观属性,恰恰为法则的产生提供了必要的空间,同时也是宇宙中多样性渐增的根源。②

具体来说,皮尔士对机会的首要性的强调与他对决定论(Determinism)或必然论(Necessitarianism)的反驳直接相关。决定论者认为,每一个事件均有一个原因,原因和结果有着确定的联系,这一联系可能由某种先验法则或机械性的因果法则所保证,因此,从解释的顺序上说,我们必须根据法则来整理和理解偶然遭遇的事件。首先,在皮尔士看来,决定论是不成立的,他至少提出了下述6个理由:③

(1) 否认决定论是不证自明的真理。皮尔士对此未作多议,这或许仅是一个直觉上的理由,他只是在指出诸多哲学家均这么认为。④

---

① CP 5.453.
② See CP 6.265-6.
③ 关于前四个理由的更多讨论,可参见 Victor Cosculluela, "Peirce on Tychism and Determinism." *Transactions of the Charles S. Peirce Society* 28.4 (1992): 741-755。
④ See CP 6.36.

(2) 承认决定论将会使人类的自由意志及意识整体都成为一种幻象。皮尔士写道,"如果按必然论者所说的,我们的行动可从最初的时刻计算得出,那么我们的行动是由我们自己决定的这一观念就会是一种幻觉"①。

(3) 否认科学的探究需要预设决定论。这种决定论是由先验法则所保证的,毋宁说,法则是在科学探究的过程中逐步得到揭露的结果。在皮尔士看来,即便科学的探究预设了决定论,这种预设也不足以证明决定论是真的,并且,科学探究的成功实际上不但需要这种预设,还需在自由的探究中根据充沛的经验材料来推知法则。②

(4) 如果将决定论理解为一种机械论的因果观,那么我们将难以理解经验的**增长性**(growth)。根据机械论的因果观,原因单向地、不可逆地导致结果,因此结果事件不可能比原因事件更丰富。然而,事实上,经验有着多样性且在增长,决定论难以解释这一现象。③

(5) 承诺决定论,我们将无法理解经验的**绝对多样性**。皮尔士为此提出了**绝对机会**(absolute chance)这一概念,它指的是在一些罕见的情形中,经验与法则有着微小的冲突或背离而无法根据法则来理解,这既表明经验总是有着无限的可解释性,也表明经验绝不是完全受到法则制约的。④ 实际上,我们愈仔细地观察经验,就愈容

---

① CP 6.61.
② See CP 6.39.
③ See CP 6.613, 6.14, 6.59, 6.553, et al.
④ See W4: 549.

易发现它对法则的偏离,故决定论没有经验上的证据。①

(6) 最后,基于生长性和多样性两点,可以推论出另一个理由,决定论或必然论无法解释自然界或宇宙中的新颖性(novelty)。因为按照决定论和必然论的逻辑,只要给出宇宙初始的状态,就必然地能够推演出后续的所有状态,那么在这种图景下,世界上的一切在最初就被确定了,也就不存在任何新颖的东西。

其次,需要及时强调的是,反驳决定论并不意味着皮尔士否定法则的存在,相反,他**从未否认存在法则**:"如果没有持存的法则,而仅有现实事实的表达的话,那么未来将会是完全不确定的……"②法则,不仅体现为对未来的预测性,还同时保证了过去、现在和未来的实在(real),如特力(Peter Turley)所指出的,在皮尔士那里,"未来的实在取决于法则的实在,换句话说,否认法则的实在意味着时间的回廊是由不连续的状态而非连续的现实构成的。对于皮尔士而言,过去和将来都是实在的。他指出,所谓的现在仅是时间的塌陷而非绝对的瞬间"③。法则是实在的,也保证了宇宙及我们在其中有序经验和事物的实在,对此,皮尔士写道:"事实上,机会只是其自身内部感觉的外在表现。我在很久以前就已经说明过,真正的存在,或者说物性(thing-ness),存在于规律

---

① See W6: 293.
② CP 1.422.
③ See Peter Turley, *Peirce's Cosmology*, Open Road Media, 2022. (Digital publication only.)

中。所以，在没有规律的原始混沌状态下，从物理角度来讲，是没有事物存在的。"①"除非自然界中一直有某种逻辑过程，借此能产生那些自然法则。因此，我们必定不能提出那些绝对会阻止探究的假说，这是'推理第一法则'的推理，由此可以推出：我们一定得希望，在自然界中是可以发现这样一种有法则进化的逻辑过程的，而且我们科学人的职责就是要寻找此种过程。"②只不过此时的法则不再是机械不变的或一种先验的预设。

再次，皮尔士进一步确认到，**法则生长自机会**。要解释经验的多元性，"我们便须步入其后的混沌（chaos），步入那些尚未分化的空无之中。多元性是最初的胚芽"③。而培养这一胚芽的温床是混沌的机会，而非清晰的法则。在皮尔士看来，法则是用以解释事物状态的一种假设，法则的形成和发展有着后验的演化过程。④ 皮尔士强调道："利用机会，主要是为了给一般性原则或形成习惯的倾向腾出空间，我认为一切规律性都由此而来。"⑤如豪泽（Nathan Houser）指出的那样，皮尔士从未放弃过的一个假设，是"自然法则是突现的，是演化的结果……"⑥。

---

① W8：181.
② 皮尔士：《推理及万物逻辑：皮尔士 1898 年剑桥讲坛系列演讲》，张留华译，复旦大学出版社 2020 年版，第 249 页。
③ CP 6.613.
④ See W4：547-8, CP 6.13.
⑤ W8：124.
⑥ Nathan Houser, "The Intelligible Universe," in Romanini, V., and Eliseo F.（Eds.）, *Peirce and Biosemiotics: A Guess at the Riddle of Life*, Dordrecht：Springer, 2014, p. 17.

最后，在我们看来，现有讨论中常忽略的一点，是在实质（material）逻辑和形式（formal）逻辑的关系上，皮尔士**强调实质逻辑的优先性**，自然的法则首先不是形式的而是实质的。实质的法则与事物的状态直接相关，如果事物处在不同的状态，那么事物之间将会有不同的关系，进而产生出不同的法则。皮尔士强调，构成知识条件的恰是这种实质法则而非形式法则，[1]前一种法则体现了人类心灵在环境中冒险（sporting）而得出的假设性的推理，凸显了法则的后验性与变动性，其具体的逻辑方法是外展推理。后一种法则是前一种推理的更为清晰和形式化的表达，但它绝不是先验的或纯粹分析的。强调这一理解，有助于我们将外展推理的逻辑方法纳入宇宙论中，借以讨论我们何以把握法则，这是2.3节将会讨论的问题。

我们可以对现有的讨论稍做总结：皮尔士拒斥决定论，反驳先验法则和机械因果法则的存在，倡导机会的优先性，认为法则源于机会，是后验进化的产物。皮尔士将这一立场称为偶成论。紧随而来的问题是，法则何以偶成？以及偶成的是怎样的法则？

如果宇宙中遍布着机会，那么如何解释法则的出现与演化？皮尔士写道："（a）如果宇宙是从纯粹机会的状态进展到完全由法则确定的状态，那么我们必须认为事物有着获得确定属性，即获得某种习惯的初始且基本的倾向。（b）这是机会（它带来了第一性的最初事件）和法则（它带来了第二性的后续事件）之间的第

---

[1] See CP 7.137.

三性或中介性的要素……该倾向自身必然是逐渐演化的,显然它会增强自身……(c)那么,这里有一个合理的物理假设……除了不能解释纯粹的最初性(pure originality)本身,它能够解释宇宙中的一切。"① 我们至少可以从这段表述中得出:(a)机会必然孕育法则的"**桥头堡论证**";(b)孕育的法则是第三性的一般规则,其中涉及皮尔士的因果理论②;(c)法则是关于宇宙的假设性的解释,其中涉及皮尔士的外展推理的逻辑方法。

关于(a),皮尔士认为,"事物渴求着理由"③,自然有着统一性(齐一性,uniformity)的外衣,若不然我们便是置身梦境。④ 宇宙必然是有序的,万物均有着获得某种习惯的倾向——需要注意的是,皮尔士在非常宽泛的意义上使用"习惯"一词,它泛指一切事物的重复已经发生过的活动模式的倾向。⑤ 无法则的宇宙不具备统一性和有序性,我们无法赋予这类宇宙任何意义。此外,皮尔士还指出,没有法则的宇宙不包含任何实在,我们根据法则来理解何物实在,**缺乏法则的宇宙是纯粹的空无**。⑥ 我们不是置身于梦境,宇宙是实在的,有着统一性和意义,因此,法则必然存在,机会中必然孕育法则。我们将皮尔士的这一论证称为"桥头堡论证"。桥头堡是一个军事术语,指在河川或隘路的彼岸所建立的

---

① W5:293. 引文编号和强调部分均为笔者所加。
② 当然,其中也涉及皮尔士的现象学以及符号哲学等,限于本章论题,我们此处仅聚焦因果理论。
③ CP 6.12.
④ See W5:228.
⑤ See CP 1.409.
⑥ See W5:228. 关于实在论的具体讨论,请参见本书5.3节。

据点,守住了这一据点,便可以守住后方的主阵地。我们只有"守住"或接受法则的存在,才能认为宇宙以及我们的相关探究是有意义的。正在进行有意义探究,却试图跳出探究转而怀疑探究的前提,这是矫揉造作的做法。

关于(b),皮尔士指出,"每一种习惯有着(或就是)一种一般法则"①,在此意义上,法则指的是宇宙中事物活动的行为模式,它体现的是行为的一般类型(general type),而非对时间上先后相继的因果事件之间关系的阐述。在类型的意义上理解法则,意味着皮尔士有着非常独特的因果理论,这尤其体现在他对效力因和终极因的理解上。

法则是在终极因的意义上来理解的,皮尔士指出,"法则性的关系,即作为力的行动(action of force)的原因和作为力的行动的结果之间的关系,是终极的或理想的原因,而非效力因"②。根据胡尔斯威特(Menno Hulswit)和罗曼尼尼(Vinicius Romanini)的解释,在皮尔士那里,终极因是一种(在目的论意义上)实现自身的类型,体现为习惯,(在习惯的意义上)朝向最终状态(end state),但绝不是未来的事件,而是指一般的可能性。③ 相较之下,效力因仅是由事物造成的一种直接且盲目的冲动(blind

---

① CP 2.148.
② CP 1.212.
③ See Menno Hulswit and Vinicius Romanini, "Semeiotic and the Breath of Life," in Romanini, V., and Eliseo F. (Eds.), *Peirce and Biosemiotics: A Guess at the Riddle of Life*, Dordrecht: Springer, 2014, p. 104.

2. 宇宙论

compulsion）。① 终极因和效力因的关系是，"终极因……作为对结果一般特征的规范条件而存在，且通过效力因的作用间接地产生结果"②。相较之下，效力因仅能在终极因的情境下理解，③终极因则起到确定（determine）哪一类型的效力因能够有效实现行为的效果。④ 用皮尔士的话说："无效力因的终极因是无助的……而无终极因的效力因则比无助更为糟糕：它将是纯粹的混沌，甚至连混沌都算不上，失去终极因，它将仅是空白的虚无（blank nothing）。"⑤仿效康德的说法：效力因无终极因则盲，终极因无效力因则空。胡尔斯威特的下述图示能够帮助我们获得更为清晰的理解：⑥

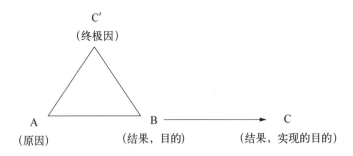

图表 2－1 皮尔士论终极因

---

① See CP 1.212.
② 程都：《"终极因"的符号学方案——皮尔士因果理论的启示》，载《自然辩证法研究》2022 年第 11 期，第 23 页。
③ See CP 1.212.
④ See CP 2.149.
⑤ CP 1.220.
⑥ Menno Hulswit, *From Cause to Causation: A Peircean Perspective*, Dordrecht: Springer, 2002, p. 81.

其中,传统的因果关系是(A→B),但在皮尔士看来,因果事件实际上包含着 A、B、C′三项,A 指的是直接的效力因,C′指的是一般性的终极因,B 是一个具体的结果,A 和 C′互相协作,具体的因果关系应该是(A&C′→B)。由于 C′包含着一般的可能性或法则,具体的 B 仅是 C 中一个可能项,皮尔士的目的论体现在(B→C),该过程的目的在于完备地实现 C,这实际上是一个根据法则将一般的可能性转变为具体的现实性的过程,而非朝向时间终点处的某个既定目标迈进的线性过程。

紧随而来的问题是,终极因的"类型"特征(其中包含着法则)是如何获得的?这一疑问与(c)有关。皮尔士的回答是,源于"假设":解释性的假设是对宇宙谜题的第一个猜测(a guess of the riddle),我们继而展开科学的探究,并在探究的过程中吸纳新的经验,修改和完善已有的假设。对这一问题的阐述涉及理性能动者何以表达法则的问题,我们留待下一节中再行详论。

总结而言,皮尔士的"桥头堡论证"表明,在有意义的宇宙中,法则必然存在,其因果理论也帮助我们认识到,对具体因果事件的理解已经涉及对法则的运用。我们也由此看到,法则源于对机会做出的假设性解释,它是对一般可能性的表述,限定了何种类型的事件是原因的有效结果。这里更进一步的问题是,我们人类这种理性能动者如何揭露法则?对此问题的回答也将有助于我们理解机会中孕育的究竟是怎样的法则。

2.2 连续论

不少学者认为连续论是皮尔士整个形而上学的根基。例如,豪斯曼认为连续论"是他的哲学体系的命脉。该体系是由演化实在论构成的,超越了他那些著名的被赋予观念论和实在论标签的观点"①。埃斯波西托(Joseph Esposito)也指出,连续论作为皮尔士整个体系的基石,既是一种宇宙论或形而上的理论,也是一种方法论原则。② 在宇宙论方面,连续论是一种对不同的实在层次紧密交织的宇宙的假设性描述。在方法论方面,连续论是一个准则,其理论目的在于,在看似不相关的实体或事件之间寻找有联系和连续的层次关系。相关的讨论将进一步涉及范畴理论、实用主义、演化论、可错论以及经院实在论等方面。

连续论(Synechism)一词源于希腊语 synechés,意为连续的。皮尔士对连续论的定义简单明了:连续论是一种认为一切存在都是连续的学说。他这样写道:"唯物论即一切都是物质的学说,观念论即一切都是思想的学说,二元论是把所有存在一分为二的哲

---

① Carl R. Hausman, *Charles S. Peirce's Evolutionary Philosophy*, Cambridge: Cambridge University Press, 1993, p. 142.
② See J. Esposito, "Synechism: The Keystone of Peirce's Metaphysics", in *The Commens Encyclopedia: The Digital Encyclopedia of Peirce Studies*. Bergman, M. & Queiroz, J. Eds. 2005(New Edition). Pub. 130510 - 1417a. Retrieved from http://www.commens.org/encyclopedia/article/esposito-joseph-synechism-keystone-peirce%E2%80%99s-metaphysics.[2023-6-10].

学。同样,我提议'连续论',它意味着把一切都视为连续的倾向。"①

皮尔士的连续论与其关于数学上连续统(Continuum)的讨论有着密切关系。皮尔士坚持一种不同于康托尔式的连续性,一条真正连续的线无法被上面无穷的点所穷举。他说道:"真正的连续体是一个其确定性的可能性无法被任何个体耗尽的东西。因此,放置在真正连续线上的点的集(Aggregate)不能填满这条线,无论如何总会有空间留给其他点。尽管对于向无尽延伸到小数位的每一个值,这个集合都有一个对应的点,甚至即使它包含了对于所有这些值的所有可能排列的每一个可能点,这些点也没有穷尽一条连续的线。"②这种关于连续性的立场与前文论述的偶成论是一致的。正是由于坚持了一种实在的可能性或潜在性,皮尔士才会认为一条真正连续的线上具有无数个潜在的点,以至于无论它们之间多么地靠近,任何两个点之间必然还有第三个点。

事实上,皮尔士的连续论主张可以在各个不同的领域中得到应用。从目前讨论的宇宙论问题来看,在充满机会的宇宙中,我们该如何把握和表达法则?通常的回答也会从皮尔士的连续论开始讨论。连续论承诺的是物理的(physical)宇宙同时也是精神的(psychical)宇宙,"自然的过程和思维的过程是同一个过程",③

---

① EP 2: 1.
② CP 6.170.
③ W 8: 17.

2. 宇宙论

或者说,"自然的过程和理性的过程是同一个过程"①。我们认为可以从连续论中进一步抽离出一个本体论论题:物质的和心灵的存在是关于相同事物的连续的不同模式的存在。如皮尔士本人所言:

> 所有的现象有着相同的品质,尽管一些现象体现更多的精神性和自发性,其他一些现象体现更多的物质性和规律性。②
>
> 所有的心灵都直接或间接地与所有物质相关,并且以接近常规的方式行动,所以,一切心灵均或多或少有着物质性质。因此,我们不应错误地认为物质的心理和物理是截然不同的两面。从外部看待一个事物,考虑其行为关系以及与其他事物之间的反应,它就会呈现出物质的表象。从内部看,把它的直接性质看作感觉,它就会呈现出意识的表象。③

本体论论题凸显了皮尔士对传统心、物二元论的拒斥,也只有以这样的论题为基础,我们才能承诺一个精神性的心灵与物理的宇宙在本质上是同源的,并且正是在二者长久的交互中诞生了一个能够把握宇宙法则的自我。我们认为,只有铭记这一本体论论题,我们才能理解接下来讨论的皮尔士的现象学、规范科学、符号哲学以及实用主义。

---

① CP 6.581.
② EP 2.2.
③ W8: 181.

实际上,皮尔士还承诺了泛爱论以支持本体论论题。根据这一立场,上帝既是前提,也是结论,上帝引导着宇宙演化的方向。同样,在上帝之爱的引导下,机会与法则本质地关联在一起,于是,用波特(Vincent Potter)的话说,"采用新观念已经是一种有意的(heeding)行为,通过同情或连续的心灵,直接赋予宇宙中的活动以生命"①。皮尔士承认,"关于自然秩序的任何命题均或多或少触及宗教"②。我们将在 2.4 节对皮尔士的宗教哲学做一简论,此处仅需认识到连续论、泛爱论共同保证了理性能动者必然能够把握法则,我们可以主要基于连续论对该过程做出如下描述。

首先,宇宙不是纯粹的空无,其中充满着纯粹的可能性(mere possibilities)。皮尔士将这种充满可能性的世界称为"柏拉图世界",这不是说宇宙是一种理念世界,而仅旨在强调"纯粹可能性"意味着"纯粹外在的可能性"③,我们因此是在一个真实的宇宙中活动。

其次,在这样的真实宇宙中面对外部事物施加的影响时,个体产生了感觉(feeling)。皮尔士所说的感觉指的是指一种简单的意识,与生理性的意志(volition)不同——感觉包含了时间感,其涉及的经验材料构成了连续统。④ 在此意义上,皮尔士认为,

---

① Vincent Potter, *Charles S. Peirce on Norms and Ideals*, New York: Fordham University Press, 1967, pp. 186–187.
② W3: 306.
③ CP 6.200. 强调部分为笔者所加。
④ See W5: 225.

"感觉"是区分理智生物与蒙昧野兽(brutes)的标志。①

再次,基于感觉,个体逐步形成习惯,"习惯的主要要素在于,重复以前已经施行过的行动的倾向"②。个体心灵层面的倾向的形成与行动层面的习惯的形成是同一个过程的两面,该过程同时也是一个摄入和理解"柏拉图世界"的过程。③ 这体现了皮尔士的连续论立场。

最后,**习惯带来了经验的统一性**,在遵循习惯的行动中,机会带来了法则,"事件被捆绑在一起,形成一个连续的事件流"④。皮尔士在非常宽泛的意义上理解习惯,它不仅指人的行动模式,也指事物的模式。在此意义上,我们可以认为,习惯不仅是人生的伟大指南,也是宇宙伟大的体现,人类心灵中对宇宙这一"伟大体现"的概念或理解(conception)亦是习惯。"人类心灵总是把一种独特的价值和侧重点赋予某些相似性,其独特性在于:当一个性质鲜明地出现在意识中时,其他一些性质的鲜明度将立即增强,有的增强得多,有些增强得少。如此一来,一个大致可比作合成照片的观念鲜明地涌现出来,该合成观念可称为一般观念(general ideas)。它并不真正属于概念(conception),因为概念根本就不是什么观念,而是一种习惯。一般观念的反复出现以及对其效用的经验,会导致作为概念的那种习惯的成型或强化。或者

---

① See W4: 552.
② W4: 552.
③ See CP 6.33.
④ See CP 1.412.

说,如果概念本来就是一种彻底紧凑化的习惯,那该一般观念就是那种习惯的标志所在。"①

单就作为理性能动者的个体经验而言,当个体尝试提出"断言"(assertion)以对事物遵循的法则做出表达时,自我(ego)便诞生了。个体有着犯错的可能,此时需要一个承担错误的自我。②在皮尔士那里,自我与心灵有着些微差别,心灵有着更为宽泛的意义,如德瓦尔(Cornelis de Waal)指出的那样,"在他的进化宇宙论里,皮尔士认为整个宇宙是进化着的心灵。更具体地说,宇宙是由逐渐被习惯连在一起的心灵所组成的"③。"自我"则凸显了对习惯中蕴含的法则加以阐明的自发性,它是一种特殊的、主动的心灵。但心灵与自我的关系表明,自我绝不是通过笛卡尔式的纯粹的"思"而得到确定的"在"("我思故我在")。根本而言,自我是宇宙演化的一个结果,也恰因为此,作为理性能动者的自我必然能够把握法则:宇宙中的法则就是由自我生成其自身所遵循的法则。

那么,进一步的问题在于,自我如何表达法则?上文对此问题已有提及,皮尔士指出,对事物的诸种属性以及事物之间有着怎样的相似性或关系的推理起点是做出的"假设"性的解释。皮尔士早在15岁左右便已经确认到,"人类的真理永远不会是绝对

---

① 皮尔士:《推理及万物逻辑:皮尔士1898年剑桥讲坛系列演讲》,张留华译,复旦大学出版社2020年版,第261页。
② See EP 1; 20.
③ 瓦尔:《皮尔士》,郝长墀译,清华大学出版社2019年版,第145页。

的,因为'事实'的基础是'假设'"①。假设提供给我们关于原因和力(forces)的知识,借助假设,我们推测事物为何如此,它是指示事物外延的(denotative)推理。换句话说,假设性推理是关于事物的实质推理,它探查的是事物在实践上的(practical)差别。②

"假设"是皮尔士最为强调的逻辑方法,不同于根据诸经验情形总结规律的归纳法以及将规律运用于具体的经验情形的演绎法,它指根据"已知"来推测"未知"的阐释性的综合推理,是一种针对思维中的感性成分做出的推理③——皮尔士后来将这种推理称为"外展推理":"外展推理是提出一种解释性假设的推理。它在逻辑上的唯一作用在于引入新的观念。"④引入的新观念体现的是对新经验的理解,其中包含了对法则的运用和阐明。我们可以结合外展推理的形式来理解这一点。在皮尔士看来,外展推理有着下述形式:⑤

> 观察到一个令人惊奇的事实 C;
>
> 如果 A 是真的,C 就理所当然为真;
>
> 因此,有理由推测 A 是真的。

---

① W1: 7.
② See C. S. Peirce, *Charles S. Peirce: Selected Writings on Semiotics*, 1894 – 1912, Francesco Bellucci (Ed.), Berlin: De Gruyter, 2020, p. 21.
③ See W1: 428, 451, CP 2.643.
④ CP 5.171.
⑤ CP 5.189.

我们可以将这一推理形式与上一节中"皮尔士论终极因"的图示相对照,其中,事实 C 起到效力因的作用,它先给我们带来"惊奇"(surprise)的感觉,进而我们对它做出假设性的、外推的解释,即"如果 A,那么 C"——该条件句同时也是对法则的猜测性表达或证言。当我们"有理由"推知 A 时,其中的理由恰是这一法则。我们将在 4.2 节中再度论及外展推理,皮尔士后来将外展推理视为科学实用主义的逻辑方法。

从法则的视角看,上述对外展推理的解释让我们认识到,法则的提出源于我们理解新经验时提出的"假设",诸如"如果 A,那么 C"这样的法则因此绝不是先验的或机械不变的:当我们对现有的法则产生怀疑(doubt),即认为"如果 A,那么 C 可能不是真的",或当遭遇新的令人惊奇的事实 C',而亦认为"如果 A,那么 C';因此 A"时,我们会对法则的现有理解进行修正。如皮尔士指出的那样,"推理最大的激励是惊奇","缺乏怀疑的心灵——无论是有意识的,还是无意识的——根本不会具有科学的、探究的理解力"。[①] 惊奇和怀疑推动着我们对法则进行逐步探究和揭露,对法则的理解因此也处在演化进程中。

总结而言,因为心灵本身是宇宙中的事件,心灵与世界之间不存在二元的界限,思维(推理)的理性过程和物理的实质过程因此是连续的,外部事物施加的"力"直接为个体心灵带来"感觉",感觉进一步带来蕴含法则的"习惯",在此意义上,法则必然能够

[①] C. S. Peirce, *Charles S. Peirce: Selected Writings on Semiotics*, 1894–1912, Francesco Bellucci (Ed.), Berlin: De Gruyter, 2020, p. 185, p. 55.

为理性能动者所把握。习惯包含着法则,理性的自我在应对环境的活动中尝试将事物遵循的实质法则以形式化的方式表达出来,自我由此展开了一个探究宇宙、披露法则的科学过程。我们会在下一节的讨论中看到,科学将恢复它在哲学中丢失的尊严。

2.3 科学的形而上学

对于揭露法则的科学探究而言,如果其开端是"假设",而"假设"又是由人做出的,那么提出假设便难以受到属人的主观因素的影响——这正中库恩、罗蒂等人的下怀,他们继而有理由认为科学的探究因此也受到人类文化、制度等因素的影响,甚而认为科学语汇仅是一种承认了人类中心论的主观语汇。让人感到些微诧异的是,皮尔士毫不避讳地表现了自己的人类中心论,认为:

(1) 从探究视角看,科学的探究就是人的探究,是人对宇宙之谜做出的科学猜测。[①]

然而,我们需要注意以下两点:

(2) 连续论立场:人类心灵的发展与心灵外事物的发展遵循着相同的法则。

---

① See CP 5.47, 5.591.

(3) 对科学预测成功的确证：自然科学的可能性在于，其做出的预测在将来会得到实现。①

(2)、(3) 意味着，尽管科学的探究无可避免地渗透主观因素，但这并不妨碍科学探究的客观性。根本而言，皮尔士未像库恩、罗蒂等人那样认为心灵是一种语言化的、内在于共同体范围的存在，在他的宇宙论中，心灵是宇宙内的一个要素。根据相同的理由，科学的探究追求的不是人类共同体内的修辞技艺，而仍旧是一项求真的事业——它提出的假设会在经验上得到真实的确证或否证。

我们进一步拟将皮尔士的宇宙论理解为一种科学的形而上学，这一立场主要基于下述几点理由：

首先，皮尔士认为，尽管形而上学作为一种抽象的科学已经落入可悲的境地，但**科学仍然需要形而上学**，并且需要一种好的形而上学。② 如德瓦尔指出的那样："与逻辑实证主义者想要根除形而上学不同，皮尔士不想放弃形而上学，而是想把它科学化。皮尔士坚决地反对这样一种观点，即科学家可以没有形而上学。"③形而上学的目的在于解释心灵的形式所反映的范畴究竟是否符合实在，而"皮尔士在人类探究的内部过程中描述了我们的

---

① See CP 7.39, 5.591, 7.517, et al.
② See CP 6.1 - 5.
③ 瓦尔：《皮尔士》，郝长墀译，清华大学出版社2019年版，第82页。

限度和可错性"①。哈克(Susan Haack,1945—　)曾评论道:"康德留给皮尔士的遗产体现在他如下的永恒信念中:形而上学不必然是一种无望的'虚幻科学'……它可以也应当是合法且有价值的探究领域,而皮尔士留给当今哲学的(部分遗产)是……实现这种形而上学的一种独特且可靠的后康德式的方式。"②

其次,**皮尔士的宇宙论为科学提供了一种好的形而上学**。实际上,《皮尔士文集》(*The Collected Papers of Charles Sanders Peirce*)第六卷的书名便是《科学的形而上学》(*Scientific Metaphysics*)。内比奥罗(Jaime Nubiola)总结认为,该卷讨论形而上学的部分涉及外部世界的实在、第一性的和第二性的质、实存的连续性、观念论和实在论、拒斥必然论(决定论)以及连续论等论题。③ 这些论题讨论的恰是宇宙的本质,而对宇宙本身的理解为科学探究奠定了形而上学基础,为科学的尺度和限度提供了标准。关于宇宙论作为一种形而上学,如布里奥斯基所言,皮尔士的"宇宙论标明了'坏的'形而上学和'好的'形而上学的界限。皮尔士在写于1905年的《什么是实用主义?》一文中确定了这一点,'我们不应该像其他正派的实证主义者那样仅是揶揄形而上学……实用主义者从形而上学中看出了可贵的品质,即为宇宙论

---

① Hookway, Christopher. "Design and Chance: The Evolution of Peirce's Evolutionary Cosmology." *Transactions of the Charles S. Peirce Society* 33.1 (1997): 1-34.
② Haack, Susan. "The Legitimacy of Metaphysics: Kant's Legacy to Peirce, and Peirce's to Philosophy Today." *Polish Journal of Philosophy* 1.1 (2007): 43.
③ Jaime Nubiola, "What a Scientific Metaphysics Really Is According to C. S. Peirce." *Cognitio: Revista de Filosofia* 15.2 (2014): 355.

和物理学带来了生命和光明'"。①

最后,**皮尔士的宇宙论是一种批判的科学形而上学**。雷诺兹(Andrew Reynolds)亦曾将皮尔士的宇宙论视同为科学的形而上学,但我们不赞成他如下的不审慎说法:"先验的倾向是形而上学,而形而上学最令人熟知的功绩,是带来了进化的宇宙论……我们可以将之称为皮尔士思想中的'德国'要素。"②诚然,皮尔士受到康德和黑格尔的影响很大,但"先验的倾向"这一表述无疑是不确切的。皮尔士对达尔文进化论的吸收中和了其德国观念论资源中的先验论特征,对形而上学(宇宙论)的承诺和完成则体现在具体的科学探究过程中(雷诺兹实际上认识到了这一点③)。这样一来,皮尔士的宇宙论就绝不是一种先验的形而上学,而是一种批判的形而上学,其"批判"特征源于科学探究总是在修改自身的结论,因此也在修改对宇宙以及形而上学的理解。"所有的推理活动都是实验,所有的实验亦是推理活动"④,科学及其形而上学均是可错的,犯错是获得新的理解需要付出的代价,借助实验和推理,我们一点点地猜出法则。⑤

---

① Brioschi, Maria Regina. "Hints Toward Cosmology: The Need for Cosmology in Peirce's Philosophy." *Scio* 12 (2016): 51 - 73.
② Andrew Reynolds, *Peirce's Scientific Metaphysics: The Philosophy of Chance, Law, and Evolution*, Nashville: Vanderbilt University Press, 2002, p. 176.
③ See Andrew Reynolds, *Peirce's Scientific Metaphysics: The Philosophy of Chance, Law, and Evolution*, Nashville: Vanderbilt University Press, 2002, p. 6.
④ W8: 24.
⑤ See C. S. Peirce, *Charles S. Peirce: Selected Writings on Semiotics*, 1894 - 1912, Francesco Bellucci (Ed.), Berlin: De Gruyter, 2020, pp. 90 - 91.

将皮尔士的宇宙论理解为一种科学的形而上学,这不仅是可能的,也有助于恢复科学在哲学中丢失的尊严。根据作为科学形而上学的宇宙论,科学的探究仍是一项披露法则,一项揭示实在的求真事业。与那些"坏的"、无人性的形而上学不同,宇宙论"好的"地方在于,它承认在科学探究的过程中,人类有着库恩、罗蒂等人强调的属人的自由和尊严。不仅如此,它还将心灵的发展放置在整个宇宙之内,将其视为宇宙的基本要素之一,于是,宇宙不再是冰冷的粒子的运动,而是内在地就具有"灵性",内在地就趋向规律和意识。基于同质性原则,我们的心灵也内在地就易于识别出模式和规律。人类具有认识自然的能力,这同时也增加了人类的责任:我们不仅负有对待彼此的责任,也负有探究和认知宇宙的责任,这虽然极大地增加了人类的自由范围,也增加了人类对之负有责任的范围。

2.4 科学的宗教

皮尔士的宇宙论思考带有一定的宗教情怀。然而,尽管皮尔士并非任何宗派的虔诚践行者,他的确是一名有神论者。皮尔士也曾因婚姻之故而受洗成为圣公会的成员。① 皮尔士的父亲本杰明·皮尔士是一名一位神论者(Unitarianism)②,虽深受父亲的影响,但皮尔士自己却是一名坚定的三位一体支持者。皮尔士在宗

---

① 参见布伦特:《皮尔士传(增订版)》,邵强进译,上海人民出版社2008年版,第85页。
② 参见布伦特:《皮尔士传(增订版)》,邵强进译,上海人民出版社2008年版,第46页。

教方面的讨论确实算不上多,但是正如拉坡萨(Michael Raposa)试图论证的那样,皮尔士的宗教思想与他的其他思想之间并非仅有一点微薄的联系,或仅仅具有社会性和传记性的意义,[1]相反,皮尔士的宗教观念深刻影响了他其他哲学的立场,例如宇宙论中的"演化的爱"。皮尔士一生谈论过很多有关宗教的论题,最具特色和启发性的方面是关于上帝的实在性以及科学与宗教之间关系的讨论,其中尤为值得注意的立场是,科学的推理和探究有助于我们理解关于上帝或上帝存在的观念。

2.4.1 实在的上帝和实存的上帝

皮尔士相信"有"神,但是这里的"有"并非我们通常所说的"存在"或"实存"(existence),而是"实在"(reality)或"真实"。皮尔士认为说"上帝实存"是一种亵渎的说法,因为这意味着承诺了一种拜物教(fetishism),即将上帝视为某种物质性实体,一种通过直接作用与反作用而彰显自己的物件。该立场与皮尔士的形而上学息息相关。皮尔士为"实存"界定了更具体的含义,将这种含义追溯至该词的拉丁词源 *existere*,并将 *ex + sistere* 解释为外在的持存,以强调这种存有模式依赖于与其他外在于它的存有的相互作用。[2] 这种存有模式的典型是具有特定时空的这个或那个物质个体。"实在"(reality)或"实在的"(real)则完全是不同的存有

---

[1] Michael L. Raposa, *Peirce's Philosophy of Religion*, Bloomington and Indianapolis: Indiana University Press, 1989, p. 3.

[2] MS [R] 637: 27, NEM 4: 135 - 6.

模式,它指的是其所是(being what)不依赖任何心灵或类似心灵对之的思考(包括欲求、相信等)。[①] 从这个意义上说,实存之物当然是实在之物,因为一个外在于心灵的物质对象如何存有完全不是我想它如何它就如何的,例如太阳的构成或运动轨道,不会因为我们人类曾经错误的认知而改变。与客观性一致的是实在性而非实存性。我们将在5.3节讨论皮尔士的实在论时再对实在和实存的区分做出详细讨论。

基于上述简单的概念区分,皮尔士认为,上帝是实在的而非实存的,这体现了他关于上帝观念的核心主张。上帝不是一个任何具有物质性的实体,在一定意义上我们甚至不能用"一个"来指称上帝,因为个体化并不适用于上帝这种存有。我们可以在有限的意义上将皮尔士关于上帝的观念视为一种共相,一种普遍性,上帝则进一步构成了连续性的根源。如此一来,关于上帝的重要哲学论证就应该是上帝的实在(reality of God)的证明而不是上帝的实存(existence of God)的证明。对于皮尔士来说,这种论证并不是从一个前提演绎地推出其必然的结论,而是阐明产生特定信念的推理过程。

在1908年出版的《希伯特杂志》(*The Hibbert Journal*)上,皮尔士发表了《上帝实在性的一个被忽视的论证》(A Neglected Argument for the Reality of God)一文,文中提出了关于上帝存在证明的一个"被忽视的论证"。该论证的核心是,我们关于上帝实

[①] CP 5.430.

在性的信念可以从"纯粹游戏"中产生,该信念的产生过程满足逻辑的合理性。① 皮尔士也将"纯粹游戏"称为"冥思",即完全不设任何限制或目的地观想各类不同现象间的同质性要素,尽可能去洞察不同现象间的相似性和连续性。皮尔士认为,在这种活动的过程中,上帝实在性的观念或早或晚都会显现出来。因为根据这种理解,上帝实在性是所有同质性、相似性和连续性的根源。进一步的反思会将所浮现的"上帝实在性"的观念作为一个假说或推理的起点,从而进入下一步的逻辑考察过程。这种逻辑上的考察即皮尔士所谓的外展推理。最终能够带来真结论的外展推理或假说,一般就是那些本身与自然倾向相一致的假说。我们关于上帝实在性的假说便是在我们完全自由地观想自然和思维等现象何以形成时所获得的最自然的假说,它是最可能为真的假说。

皮尔士关于上帝实在性的论证或许无法达到他所设想的效力,但无论如何,该论证体现了他思考上帝实在性的过程,也暗示了他认为上帝的实在性与科学探究之间存在深层关联。我们从中可以看到,对上帝存在的证明可以通过科学推理的方式进行,也恰因此,皮尔士区分了科学的宗教和信仰的宗教。

2.4.2 科学的宗教和信仰的宗教

皮尔士将对科学的热忱和追求贯彻到他的所有哲学研究之中,对于他而言,使科学之为科学的并非知识的积累,甚至不是科

---

① 参见皮尔士:《皮尔士论符号》,胡普斯编,徐鹏译,上海译文出版社2016年版,第336页。

2. 宇宙论

学方法,而是"科学精神",即"决心不满足于现有的观点,而要追求自然界的实在真理"的信念。在此意义上,皮尔士甚至认为知识对科学而言并不是必要的,因为像"托勒密的天文研究,尽管其结论在很大程度上是错误的,但任何仔细阅读过那些研究的现代数学家都必须承认它们是真正的、纯粹的科学"①。时刻意识到科学当前获得的结论只是对自然的逼近,这些结论有着可错性,这是科学最为根本的特征。

宗教在历史上的形象,似乎恰恰是与"科学精神"相悖的:"充满科学精神的人们总是急于向前迈进,而那些怀有宗教兴趣的人则容易回头。"②在皮尔士看来,宗教是一种情感,是对周围一切事物中某种东西的深刻而模糊的认识,而我们却要求清晰地表达它,那么在表达时或多或少会失真。在近代科学得以极大发展的同时,宗教却陷入了固步自封的境地。为了维持它在社会生活中的权威地位,宗教不得不尝试明确界定自己的立场,通过对一个个命题的承诺和否认,它建立起所谓正统的"信条"(creed),以此来确定和巩固已经被科学动摇的信念。这是宗教的本能反应,也是人的本能反应。但是,这种做法在面对质疑的时候并没有太大的效力,因此皮尔士认为,这种做法给宗教自身带来了深层的伤害。

然而,皮尔士并不是一个科学与宗教的二元论者,因此他不仅看到了历史上宗教所呈现出的弊端,也看到了科学可能催生的

---

① CP 6.428.
② CP 6.428.

一种傲慢哲学——"对看不见的事物表现出嗤之以鼻的倾向"[①]。皮尔士自己的做法是让二者联姻,产生一种科学的宗教。这种科学的宗教不再害怕承认自己在信仰上的错误,不再对其他思想的发展充耳不闻,它将战胜宗教上的怯弱,从自己的信仰和祈祷中获得真正的力量和勇气。它坚信真理的力量不在于分裂,而在于聚合。任何知识对信仰造成的影响在于,会改变表达信仰的方式,而不会摧毁信仰的深层奥秘。它所要做的不是与其他思想划清界限,而是努力建立联系,成为连续性的真正推动者。皮尔士特别指出,"这种态度是宗教在对自己和自己命运的更为大胆的信心中表现出来的,而不是在科学的支配下,更不是通过与科学的方式相妥协而获得的"[②]。科学本身因受效力因的推动,不能决定其目的是什么,有关目的的考量必须留给宗教。如此一来,科学与宗教将携手并进,而不相互攻讦。

2.4.3 科学的共同体和信仰的共同体

如今,很少有科学研究者会认为,单凭个人的努力就能取得突破性的科学成果。现今的大部分科学成果都是共同体工作的结晶。科学共同体的概念已经深深地印刻在研究人员的心中。然而,出于某些利益关系,现有的一些科学共同体极易转变为封闭的小团体,这与皮尔士所设想的科学共同体似乎相差甚远。皮尔士是较早阐述"科学共同体"(他使用的表述是"探究共同体")

---

① CP 6.431.
② CP 6.433.

2. 宇宙论

的哲学家之一。我们将在 4.2 节中阐明共同体是进行科学探究的基本单位的缘由。他坚持真理和实在这类概念只有在共同体中才具有真正的含义，或者说才能发挥真正的效力。将"探究事物客观上是什么"作为目标而自然形成的团体即为科学共同体。据皮尔士的理解，其规模是无限大的，不应被任何与探究无关的因素限制，例如国籍与种族。[1]

共同体的无限性也是科学的共同体和宗教信仰的共同体共有的特征。尽管皮尔士非常重视将信仰视为一种个体内的深刻体验，但他并不认为宗教仅仅是一种个人体验，相反，他认为宗教本质上是一件社会性的事情，一个共同体的事情。[2] 单个人的信仰无法构成宗教，甚至无法构成真正的信仰，因为孤独的个体缺乏践行其信仰的周遭环境。即便是隐修士也有一个隐修的共同体。宗教所倡导的共同体规范，如"爱近人"，构成了真正有益于共同体发展的原则。此外，皮尔士也认识到信仰的共同体中的某些特质对于科学共同体来说是值得借鉴的，例如谦卑和无私奉献。持有信仰的人出于对上帝的敬畏而对其所有造物怀有谦卑之心，同时也因意识到自己所有的一切都是被给予的，从而毫无保留地将自己奉献给所有人。

皮尔士曾以中世纪经院哲学家为范例来表达这种出于宗教虔诚的奉献能够达到何等高尚的境界。那些经院哲学家往往属于某些宣誓放弃某些世俗价值的修会，他们在修会这个共同体内

---

[1] See CP 2.654.
[2] See CP 6.429.

完全地将自己抛出,专注于神学或哲学研究。近代笛卡尔之后的"自我"观念在经院哲学中是近乎隐形的。第一人称"我"往往是对自己的过错表示懊悔或承担其后果的主语,而不是对成就了什么事情的宣告。正是经院哲学家这种"无私"或"无我",让皮尔士看到科学共同体在好的规范的引导下能够达到探究终点的可能性。在真正的共同体精神的指引下,那些利益小团体终将被淘汰,留下来的则是无限的、开放的、具有共识的共同体。

皮尔士的"共同体"哲学观,与其对笛卡尔的"自我"和近代以来的个体主义的批判以及其反唯名论的形而上学立场均是息息相关的,①这些立场最终根植于连续论中。事实上,当深挖共同体理念中的核心要素时,我们会发现这一要素是"爱"。科学共同体爱真理,信仰的共同体爱上帝、爱邻人,这里的爱是"爱—去联系",这就是"演化的爱",以此为基础的"泛爱论"也构成了皮尔士的三元符号学所阐发的意义生发机制,构成了宇宙呈现意义的根本缘由。皮尔士毫不避讳地将这种演化的爱归属给福音书中对"爱"的揭示:"爱认识到令人厌恶之物中有着美好的萌芽,逐渐将其温暖成生命,使其变得可爱。"②宇宙在"神爱"中变成有意义的世界,进一步在共同体对偶然现象的探究活动中呈现为我们栖居的世界。

总而言之,皮尔士的宗教观同时受到其科学、哲学和逻辑学研究及其所处的宗教背景(基督宗教)的影响。皮尔士的立场再

---

① See Mateusz Olesky, *Realism and Individualism: Charles S. Peirce and the Threat of Modern Nominalism*, Amsterdam: John Benjamins Publishing Company, 2015, p. 73.
② See CP 6.289.

一次贯彻了他的"连续论",科学与宗教并非分裂的,而是彼此互补的,并在根基处统一于"泛爱论"中。

小结

皮尔士在拒斥决定论的宇宙观的基础上,将"机会"视为宇宙的第一特征,但同时又将"法则存在"视为宇宙实在和拥有意义的保障。从"机会"到"法则"的"目的"引导宇宙变得有生命和方向,皮尔士将这种立场称为泛爱论。沐浴在"神爱"下,不仅宇宙演化的过程是连续的,心灵作为宇宙中的一个要素,其精神的维度和物理的维度之间亦是连续的,这种连续论立场既打破了心灵与物质的二元论,也保障了科学的探究是对客观法则的揭示。偶成论、泛爱论以及连续论一道构成了皮尔士宇宙观的基本原理,在这样的宇宙中,终极因既引导着自然发展的进程,也引导着由效力因直接推动的科学探究的进程。如皮尔士所言:"万物之中最具有可塑性的是人性,其次是有机物世界、原生质世界。现在我们可以知道,那种一般和趋势就是那条伟大心灵法则,就是联结力法则,就是那条习惯养成法则。我们在所有的活性原生质中也发现有一种习惯养成的趋势。因此,我不由得得出一种假说,整个宇宙中所有法则的形成都是根据一种普遍趋势,即万物都趋向于一般化和习惯养成。"[①]将皮尔士的宇宙论理解为科学的形而

[①] 皮尔士:《推理及万物逻辑:皮尔士1898年剑桥讲坛系列演讲》,张留华译,复旦大学出版社2020年版,第268—269页。

上学,既有助于我们重新反思科学的责任和限度,在恢复我们与这个宇宙的直接关联的同时,重新确认科学仍然是一项求真的事业,也有助于恢复科学在哲学中丢失的尊严。在科学与宗教的关系上,科学和宗教亦保有其尊严,科学的探究方法可以为宗教带来更为可靠的沉思对象,而宗教情怀可以为科学研究带来更投入和更无私的探究精神。

3. 现象学

皮尔士的宇宙论呈现了其思想的宏观面貌,也展现了他的基本关切。宇宙以某种面貌或现象呈现自身,如何分析"现象"进而获得理解?这一问题将我们引向皮尔士关于现象学的讨论。

在皮尔士对学科的分类中,现象学处于基础性的位置。与我们当前将不同学科理解为各个独立领域的做法不同,皮尔士试图将人类的所有知识根据各自的目的和依赖关系进行有序排列。在这一点上,皮尔士深受康德"理性建筑术"[①]的影响。[②] 首先,皮尔士将所有的学问分为三类:探索型科学(Science of Discovery)、评估型科学(Science of Review),以及实践科学(Practical Science)。其次,他重点分析了包括数学、哲学(也被称为共识学,Cenoscopy)和具体的科学(也被称为专识学,Idioscopy)的探索型科学。在皮尔士看来,哲学是一种实证的科学,即探究什么是真实的。哲学的三个子类为现象学(Phenomenology)、规范科学(Normative Science)以及形而上学(Metaphysics)。现象学的目标在于,确定与分析普遍呈现于现象中的诸种要素是什么;规范科学的目标在于,区分什么是应该的和什么是不应该的;形而上学则尝试对心灵和物质

---

① 康德:《纯粹理性批判(第 2 版)》,李秋零译,中国人民大学出版社 2004 年版,第 532 页。
② See EP 1: 286.

的宇宙做出解释。从依赖关系看,规范科学建基于现象学;形而上学建基于现象学和规范性科学。① 根本而言,现象学作为哲学的基础,其独特作用在于为其他(规范科学和形而上学)类别的知识提供分析的工具,即范畴。

皮尔士对范畴的思考与康德对现象的分析以及黑格尔的精神现象学有着密切的联系。② 1898年,年近耳顺的皮尔士在谈到康德对他的影响时指出,他对哲学产生兴趣,不是因为哲学提供了对上帝、自由以及不死等问题的思考,而是缘于他对宇宙学和心理学的兴趣,因此在长达两年的时间里,他每天花费三个小时醉心于阅读康德的《纯粹理性批判》(*Critique of Pure Reason*)。实际上,在阅读康德时,皮尔士也在每日阅读受密尔(J. S. Mill, 1806—1873)影响的赖特的著作,恰是通过赖特,皮尔士吸收了密尔的逻辑学思想,从中获得了走出康德哲学的一条思路。③ 除此之外,为理解康德的著作,如第1章中已经指出的那样,皮尔士不仅学习了洛克、贝克莱、休谟等近代哲学家的思想,阅读了亚里士多德的《工具论》(*Organon*)、《形而上学》(*Metaphysics*)等著作,也学习了奥古斯丁(St. Augustine, 354—430)、阿伯拉尔(Peter Abelard, 1079—1142)、索尔兹伯里的约翰(John of Salisbury, 1120—1180)、阿奎那(Thomas Aquinas, 1225—1274)、司各脱以

---

① 关于皮尔士对学科的分类,请参见其《科学分类概览》一文。(See EP 2: 258-262.)
② See CP 5.37.
③ CP 1.4. 从逻辑视角对皮尔士现象学的精彩讨论,可参见 Richard Kenneth Atkins, *Charles S. Peirce's Phenomenology: Analysis and Consciousness*, Oxford: Oxford University Press, 2018。

及奥卡姆等中世纪哲学家的思想。① 我们将会看到,皮尔士关于动力因和终极因的理解受到亚里士多德哲学的影响(参见 5.2 节),中世纪哲学则为皮尔士带来了经院实在论的立场(参见 5.3 节)。至于康德,皮尔士从他那里承袭了讨论问题的框架,皮尔士对其思想的表述则要从对康德哲学的批判开始。这种批判在很大程度上表明,皮尔士更为偏向黑格尔哲学。本章 3.1 节将讨论皮尔士与康德哲学的关联(其中,主要是对康德的批判),3.2 节将接着讨论皮尔士对黑格尔思想的承袭。要厘清皮尔士在叛离康德哲学之后建立了怎样的自身立场,以及进一步梳理出皮尔士与黑格尔思想的相异之处,要求我们进而讨论皮尔士的新范畴表以及他对现象的理解。本章 3.4.1 节拟完成前一项任务,3.3 节完成后一项任务,最后在 3.4.2 节讨论皮尔士与黑格尔思想上的关键差别。

3.1 皮尔士与康德

在青年时期(1857—1869 年左右),②皮尔士对康德的先验分

---

① CP 1.560. 赖特思想中与皮尔士相关的主要有以下几点:(1)在宇宙论上,强调偶性的重要作用;(2)在认识论上,认为我们须持续检测和修缮我们共有的信念;(3)在实用主义上,根据对象予以我们的知觉效果来理解尚未获知的对象。参见 Chauncey Wright, *The Philosophical Writings of Chauncey Wright*, Edward H. Madden (Ed.), New York: The Liberal Arts Press, 1958。至于皮尔士具体受到赖特哪些影响,则有待进一步研究。关于皮尔士与康德在逻辑学上思想的不同,我们留待 4.1 节中略加讨论。

② 皮尔士出生于 1939 年,青年皮尔士即指 18—30 岁的皮尔士。如胡克威(转下页)

析论怀有浓厚兴趣,他对逻辑判断表和范畴表的信仰之坚定,甚至超越了对摩西自西奈山传下的训诫的信仰。① 我们不难理解皮尔士为何对康德的先验分析论情有独钟,在《纯粹理性批判》中,康德认为,

> 在……一种超出感官世界的知识中,在经验根本不能提供任何线索、也不能提供校正的地方,蕴涵着对理性的研究:与知性在显象领域能够学到的一切相比,我们认为这种研究在重要性上要优越得多,其最终目的也要崇高得多,我们在这方面甚至冒着出错的危险宁可做一切,也不愿出自某种顾虑的理由或者出自蔑视和漠视而放弃如此令人关注的研究。②

康德哲学克服了经验心理学的限制,通过对理性自身形式的探究,为我们提供了关于心灵外世界的知识。然而,皮尔士紧接着

(接上页)指出的那样,尽管皮尔士很快放弃了这一阶段的思想,但我们可以从中解读出他在后来写作中进一步发展的诸多主题。胡克威把皮尔士哲学划分为早期和晚期两个阶段,早期包括了 1877—1878 年间的"科学逻辑的阐释"系列论文,晚期则包括了 20 世纪前后的研究,典型的文献如 1905—1907 年间的"一元论者"系列论文。与之相对,本文探讨的是皮尔士"更早期"尚不成熟的思想,这一时期相应于墨菲(M. G. Murphey)划分出的皮尔士哲学发展如下四个阶段中的第一和第二个阶段: 1857—1865、1866—1869、1870—1884、1884—1914。(See Christopher Hookway, *Peirce*, London & New York: Routledge, 1992, pp. 8-9; Murray G. Murphey, *The Development of Peirce's Philosophy*, Cambridge, Mass.: Harvard University Press, 1961, p. 3.)

① CP 4.2.
② 康德:《纯粹理性批判(第2版)》,李秋零译,中国人民大学出版社 2004 年版,第 29 页。

指出,他确信康德的先验逻辑中存在某种错误。① 根本而言,皮尔士拒斥康德首先在现象和本体之间做出区分,而后取道先验来论证两者间联系的这种做法。

首先,青年皮尔士指出康德的先验分析中存在一种难以克服的循环。在康德那里,本体是一种先验对象,它们外在于意识的范围,因此,意识中的经验对象不同于本体性的先验对象,前者构成了现象世界,后者构成了物自身的世界,因而,现象和本体之间存在一道无法跨越的界限。为跨越这道界限,康德认为,"我思"必然能够伴随"我"的一切表象,感性的杂多在这种知性活动中被普遍联接("综合")起来,而这种联接的可能性条件源于主体使用"范畴"做出普遍判断的理性能力,其中,范畴"必须……完全先天地建立在知性中……因为这个概念绝对要求某物 A 具有这样的性质,即**必然地并且按照一条绝对的规则**从它里面得出另一个某物 B"②。康德哲学的先验特征体现在将范畴视为先天概念的有效根据,因为唯有通过范畴,"经验(就思维的形式而言)才是可能的。在这种境况下,范畴就以必然的方式与经验对象相关,因为一般而言只有凭借范畴,经验的某个对象才能够被思维"③。

皮尔士对康德的这一思路感到不满。他既认为康德在经验

---

① CP 4.2.
② 康德:《纯粹理性批判(第 2 版)》,李秋零译,中国人民大学出版社 2004 年版,第 98 页。
③ 康德:《纯粹理性批判(第 2 版)》,李秋零译,中国人民大学出版社 2004 年版,第 100 页。

性的观察和理性的推理之间设置了太过泾渭分明从而难以跨越的界限,①也指出康德论述中暗含着循环论证的错误,即如果对意识的经验性过程的逻辑分析必然能够为经验在先验论的意义上提供可能性条件,那么这便预设了物自身的科学逻辑在独立于意识过程的意义上必然是既已确立的。如若这样,那么对意识过程进行分析的可靠性就不是奠基于意识本身的,而是以它之外的某种法则为基础。这里进一步的问题在于,法则的有效性根据是什么?康德回答道:在于主体使用范畴做出判断的理性能力。于是,意识兜了一个圈子最终回到自身之内寻找根据。② 在1865年以《论科学的逻辑》(On the Logic of Science)为主题的"哈佛讲座"中,皮尔士指出,康德难以处理人类学层面上的普遍逻辑和个体意识层面上的逻辑之间的张力。③ 皮尔士未像康德那般把意识理解为能够做出普遍判断的先验自我,在皮尔士那里,个体是活生生的有机体。

其次,承接上一点,皮尔士根本不接受康德区分本体和现象、先验对象和经验对象的做法,认为这将使得作为知识基础的本体是不可知的。

再次,皮尔士进而批判康德是一名观念论者,原因主要是以下几点。(1)康德在观察(observation)和理性(ratiocination)之间

---

① See W5: 258-259.
② See CP 2.31, also see Murray G. Murphey, *The Development of Peirce's Philosophy*, Cambridge, MA: Harvard University Press, 1961, p. 26.
③ See W1: 256.

划出了太过泾渭分明的界限。(2)拒绝探究直接的外部意识是否可能。从而,在皮尔士看来,(3)康德所谓的图型论(Schematism)是后来施加在感性杂多上的理性模式,其目的是使得观察到的经验呈现统一性。这让皮尔士最终认为,(4)尽管康德开启的哥白尼式转向有着实在论的精神,但他仍然是一名观念论者。① 皮尔士写道:"康德哲学的本质在于,将实在的对象视为由心灵确定的。这只不过是在认为,我们关于对象的所有经验都必然渗透着概念和直观,概念和直观不是暂时的和机会性的,它们有着客观的根据。简言之,将实在视为心理活动的正常产物(normal product),而非其不可知的原因。"②在此意义上,皮尔士认为康德是一位观念论者。

皮尔士指责康德"拒绝探究直接的外部意识(immediate external consciousness)何以可能,尽管这种探究会刺穿其哲学体系的基础"③。如若探究世界的主体是活生生的个体,而非抽象掉所有偶然属性的纯粹理性主体,那么,我们仅能在充满偶性的宇宙中进行探究。皮尔士对康德哲学的相应改造在于,认为先验对象就是经验对象,或者说,根本不存在先验对象,因此被综合的本体就是思维中直接被思及的对象。④ 皮尔士指出,"认为某物有着无法理解的属性,这等于什么都没有说。无法理解的属性……不

---

① See CP 1.19, 1.35, 1.39, 8.15.
② CP 8.15.
③ CP 1.39.
④ See W1: 40, 82; CP 1.35.

是属性"。① 这样一来,思维活动能够直接把握对象的属性,从而让它能够在自身中找到根据,思维也能够提供关于外部对象的知识。

对于皮尔士的这一改造,墨菲认为皮尔士对康德的否定"既扩展了也收缩了形而上学的视野:一方面,皮尔士确认到我们能够处理物自身,但另一方面,他也使得对那些真的前提的探究变得不可能了"②。由于拒斥了本体和现象之间的区分,青年皮尔士实际上摒弃了先验论证的必要性,但他也因此放弃了先验论证"分析性"特征所独有的优势:根据纯形式的综合进行的判断必然为真。此时皮尔士也需直面康德曾面对的问题:思维思及外部事物,这究竟何以可能?

最后,这一"何以可能"的问题牵引着皮尔士一生的思考,实际上,大约在1857—1860年间,二十岁左右的皮尔士初步尝试区分了三类实体,即事物(thing)、思维(thought)和抽象(abstraction),其中,事物是指被思维的任何存在之物,它构成了感性世界;思维是关于事物的直接感觉(feeling),构成了心理世界;思维和思维对象的直接联接是经由抽象完成的。③ 墨菲认为,此时的皮尔士或许受到其父本杰明·皮尔士的影响,认为这种抽象的依据最终根植于"上帝的心灵"之中,他相信心灵与世界之间必然存在"预定

---

① W2: 5-6.
② Murray G. Murphey, *The Development of Peirce's Philosophy*, Cambridge, MA: Harvard University Press, 1961, p. 26.
③ See W1: 165-166.

3. 现象学

的和谐"。① 就此而言,皮尔士由衷接受康德描述的下述理论图景:

> 思维主体是心理学的对象,一切显象的总和(世界)是宇宙论的对象,而包含着一切能被思维者的可能性的至上条件的那个物(一切存在者的存在)则是神学的对象。因此,纯粹理性为一种先验的灵魂说(*psychologia rationalis*,理性心理学)、为一种先验宇宙学(*cosmologia rationalis*,理性宇宙论)、最后也为一种先验的上帝知识(*theologia transcendentalis*,先验神学)提供理念。②

皮尔士深信这种有着理性建筑术的图景,但让他深感不满的是,理论的图景为何必然如此,康德对此从未做出过解释。随着思考的深入,青年皮尔士也很快放弃了他最初的解释即预定和谐说,而迈向了符号提供的解释方案。

总结而言,青年皮尔士拒斥康德在本体和现象之间做出的划分,认为思维的"触手"是直接触摸世界的,从而我们的确能够知道事物本然之所是。青年皮尔士因此直接面临这样的难题:如何

---

① See Murray G. Murphey, *The Development of Peirce's Philosophy*, Cambridge, MA: Harvard University Press, 1961, pp. 14–15, p. 37. 本杰明对皮尔士的影响不仅体现在宗教方面,《皮尔士传》的作者布伦特总结道:"从总体上看来,查尔斯的父亲在三个方面影响了其哲学:为他提供了一个神秘主义倾向的宗教基础;为他提供实验科学与数学的精确方法;为他发展了一种对于哲学家和数学论题都采取严格批评与怀疑的态度及方法。"(参见布伦特:《皮尔士传(增订版)》,邵强进译,上海人民出版社2007年版,第47页。)

② 康德:《纯粹理性批判(第2版)》,李秋零译,中国人民大学出版社2004年版,第253页。

描述本体和现象之间的连续性关系？如果仅从认识论的视角看，意味着皮尔士不仅需要提供一项不同于康德的认识论方案，这项方案还需要能够摆脱传统的二元论框架。3.3节和3.4.1节的讨论将会阐明这里所指的连续性，具体的认识论上的重构将在第5章中展开讨论。

3.2　皮尔士与黑格尔

皮尔士批判康德是一名观念论者，因此如若我们声称皮尔士本人也是一名观念论者(idealist)，这或许会让人感到讶异。毕竟，我们可以将观念论理解为"唯名论减去其本体论承诺（即普遍项和抽象对象不实存）"的结果，观念论和唯名论共享以下基本理论预设：心灵内的结构或秩序构成了理解宇宙结构或秩序的前提。然而，皮尔士的确持有某种观念论立场，这体现了他对黑格尔哲学的真实继承。

在谈及皮尔士哲学与德国古典哲学之间的内在联系时，普遍的观点认为，在古典实用主义阵营中，皮尔士继承了康德，尤为关注理性-认识论问题，杜威则继承了黑格尔，更为凸显历史-经验的整体论。阿佩尔(Karl-Otto Apel, 1922—2017)对皮尔士实用主义哲学的先验解读也使得将皮尔士视为康德阵营的理解得到更多人的支持。[1] 皮尔士文本中也似乎不乏支持这一看法的表述。

---

[1] See Karl-Otto Apel, *Charles S. Peirce: From Pragmatism to Pragmaticism*, Michael Krois (Trans.), Amherst: University of Massachusetts Press, 1995, p. ix.

但是,皮尔士不止一次说过这样的话:"我的哲学复兴了黑格尔,尽管以一种奇怪的方式(穿着奇怪的服饰)。"①"实用主义与黑格尔的绝对观念论是紧密的联盟。"②这迫使我们重新思考皮尔士哲学与德国古典哲学之间的关联。不同于普遍的看法,我们认为皮尔士主要在批判的意义上讨论康德哲学,而他对黑格尔哲学,除了批判的一面,更有着真实的思想继承的一面。本节主要讨论皮尔士与黑格尔哲学相通的一面,皮尔士对黑格尔的批判则需结合他对现象的三元性结构的阐释来理解,故留待 3.4.2 节再议。

3.2.1 观念论

皮尔士对黑格尔哲学的亲近主要体现在二者哲学中共有的观念论倾向。相关的研究经历了这样的发展过程:人们起初认为皮尔士的观念论与其实用主义哲学并不一致,随后又认为观念论是从唯名论发展到实在论的过渡性立场,直到 21 世纪,学者们才慢慢开始接受,观念论始终是皮尔士哲学的底色之一。③ 皮尔士曾就观念论提出过两种不同的论述,但这两种表述都与皮尔士所谓的实用主义准则(Pragmatism Maxim)息息相关。黑格尔的观念论可以为我们融贯地理解皮尔士的两种表述提供一个关键依据。

---

① CP 1.42.
② CP 5.434.
③ See Fisch, Max H. "Peirce's Progress from Nominalism toward Realism." *The Monist* (1967): 159–178; See also Robert Lane, *Peirce on Realism and Idealism*. Cambridge: Cambridge University Press, 2017, pp. 59–83.

皮尔士关于观念论的第一个主张体现在实用主义的方法对"实在"这一概念的理解上。在此处的讨论中我们将对皮尔士的实用主义做出必要的解释，更为具体的阐述留待第5章专门展开。在皮尔士看来，实用主义是一种方法论原则，其目的是澄清一个概念的意义；实用主义也是皮尔士致力于的那类科学探究（或真理探究）所遵循的方法论原则。人们熟知的实用主义准则的表述是，"考虑一下，我们关于某些对象的概念可能会具有哪些可构想的实际效果。那么对这些效果的构想，也就是我们关于该对象之概念的一切了"①。皮尔士时隔30多年后解释他在该定义中多次使用"构想"（他用了5个 concipere 的派生词）一词有着下述原因：（1）他的实用主义方法所运用的意义对象被限定在"理智意旨"上；（2）为了避免试图用知觉、图式或任何概念之外的东西来解释概念。根据皮尔士的解释，我们认识到实用主义方法关注的是可理解性（intelligibility）问题，而不是经验证实性问题。此外，皮尔士在其后期的表述中一再强调概念的意义不在于它的现实效果，而在于我们对这个概念的可构想的可能的效果。他将意义的效果由"现实"变为"可能"（从而增加了模态上的理解），将完成时变为将来时（"would"，从而用虚拟式来表达一般性的法则），这一点构成了皮尔士实用主义哲学的关键特征之一。

当把实用主义方法运用于理解"实在"这个概念时，我们会得到皮尔士关于观念论的第一个主张：实在作为一种独立于认知个

---

① CP 5.402.

体或群体的存在,实际上就是所有的探究活动无限持续之后所达到的终极意见的对象。① 这就是莱恩(Robert Lane)所谓的皮尔士的基本观念论(Basic Idealism)。② 对皮尔士来说,只要我们的探究活动持续得足够久,最终的实在总会被我们的认知表征;只要对所有实在之效果进行探究,我们终究可以得到关于实在本身的知识。并不存在完全无法被表征的现象背后的"实在"或物自身。皮尔士写道:"这种实在理论立刻就拒绝了物自身这一观念——一种独立于心灵对其概念的所有联系而存在的事物。"③就此而言,皮尔士的观念论不是别的,就是主张实在或所有实在之物都是可思的,可为认知所把握的。康德所谓的不可知的物自身或某种先验的范畴,在此均被放弃了;实在是可通达的,通达的方法就是采取实用主义式的经验探究方案,即通过实在所产生的效果来认识"实在"。我们将在5.3节对外在、实在、实存这三个概念的辨析中阐明这一点。

皮尔士对观念论的第二种表述亦与他的实用主义有关,这体现了其实用主义方法包含的对"信念"这个概念的理解,以及他的宇宙论学说蕴含的部分洞见。皮尔士写道:"……实用主义教导说,任何信念的作为心灵表象的'意义',都在于它所隐含的行为习惯的特征。"④其中,"习惯"一词是理解皮尔士实用主义的另一

---

① See W 3: 58.
② See Robert Lane, R., *Peirce on Realism and Idealism*, Cambridge: Cambridge University Press, 2017, p. 60.
③ W 2: 469-470.
④ MS [R] 318: 10-1.

把关键钥匙。作为一种澄清概念之意义的方法,皮尔士的实用主义强调从"可能的效果"来理解某个概念的实际意义。所谓的"可能的效果",实际上暗示着某种一般趋向(tendency):当某些条件得到满足时,某个结果就会发生。如我们在第1章的讨论中看到的那样,在皮尔士的宇宙论中,作为一般倾向的习惯不仅体现在人类的行为上,还在普遍的意义上体现在所有自然物的领域中:"我用'习惯'这个词……指任何持续的状态,不管是人的还是一个物的。这种状态在于这样一种事实——任意一种特定的时刻,人或物都,要么是肯定会,要么仅仅是可能会,以特定的方式表现。"①

从皮尔士对习惯的阐释中,我们可以看出"习惯"概念有两层含义:一是人的行为习惯,二是物的行为习惯。这两层含义背后蕴含的观念是,习惯是一种活动的普遍模式。实用主义方法正是基于这种普遍模式,才提出通过效果去理解概念的意义,或根据行为去理解行为的动机或信念。更进一步地说,我们才能用实用主义的方法去探究自然界中事件发生的原因。因为,不只人具有习惯,所有自然物均具有相应的"习惯"——它所遵循的自然法则。皮尔士在一份手稿中写道:"只要自然过程是可理解的,自然过程就等同于理性的过程,存在的法则和思想的法则就必须实际上被视为同一个。"②

心灵和物质本质上是一元的,这种理解体现的就是皮尔士所

---

① MS [R] 673:14-15.
② MS [R] 956.

谓的客观观念论:"关于宇宙的一个可理解的理论是客观观念论,物质是退化的心灵,根深蒂固的习惯则成了物理法则。"①我们也可以看出,客观观念论与连续论的宇宙论密切相关。

进一步的问题是,皮尔士关于观念论的两种表述(基本观念论和客观观念论)有着何种关联？一方面,有学者认为,它们体现了两个相互矛盾的立场,基本观念论与承认独立于心灵而存在的实在论是一致的,但客观观念论与这种实在论不相融贯。另一方面,还有学者将两者视为完全不相关的立场,基本观念论是皮尔士对待认识论的一贯立场,客观观念论则是其泛神论的宇宙论体现。②

我们的立场是,认为黑格尔的观念论中蕴含的关于"存在与思维的同一性"原则恰能为理解皮尔士这两种表述提供一个融贯的解释基础。实在本身的可认知性或可理解性正是"存在与思维的同一性"这一命题在认识论上的必然推理。如泰勒(Charles Taylor,1931—)指出的,黑格尔的观念论不是"笛卡尔主义或经验论者所谓的'观念',即作为心灵的内容的观念,而是指同柏拉图的理念相似的东西"③。这意味着黑格尔的观念论绝不限于人类认知的心灵,它意指使人类心灵获得认知的可能性条件。用黑格尔的话来说,观念论是这样一种科学,它是"精神的现实,是精

---

① CP 6.25.
② See Robert Lane, *Peirce on Realism and Idealism*. Cambridge：Cambridge University Press, 2017, p. 60.
③ 泰勒:《黑格尔》,张国清、朱进东译,译林出版社2012年版,第168页。

神在其自身的因素里为自身建造的王国"①。其中有两层意思：一是就认识而言，承诺这个世界具有可理解性，或者说承诺一切都是"理性的"；二是就本体论而言，认为世间的一切存在都是理性（精神）自身发展的中介或过程，是理性认识自身、实现自身的环节。黑格尔的观念论暗含的最大努力是，通过辩证法阐明思维与存在的同一性，以此驳斥近代哲学中思维与存在相分裂的二元论问题。"这种最高的分裂，就是思维与存在的对立，一种最抽象的对立；要掌握的就是思维与存在的和解。从这时起，一切哲学都对这个统一发生兴趣。"②黑格尔的辩证法揭示出的是世界的理性形式，它既表现在自然中，也体现在人类活动中（即历史中）。相较而言，皮尔士的实用主义方法阐释的"习惯"，不仅在能动的主体中，也在被动的自然中。因此，我们认为，皮尔士所说的两种观念论不过是"存在与思维的同一性原则"在认识论和形而上学层面的不同表述罢了。

皮尔士的实用主义方法预设了思维与存在（心灵与自然）的同一性原则。正是基于该原则，皮尔士和黑格尔的观念论均拒斥了康德式的不可知的物自身。对于康德而言，理性只是人类的认知能力，而对于皮尔士和黑格尔来说，理性同时是世界本身的结构。在这样的观念论体系中，不可能存在不可理解的物自身。观

---

① 黑格尔：《精神现象学》（上册），贺麟、王玖兴译，上海人民出版社2013年版，第66页。
② 黑格尔：《哲学史讲演录》（第四卷），贺麟、王太庆译，商务印书馆1978年版，第6页。

念论的本质在于,认为这个世界归根到底是可理解的,也必然是可理解的。对皮尔士来说,实用主义便是理解这个世界的最为有效的方法。

3.2.2 中介性

皮尔士的观念论体现了其哲学与黑格尔哲学的亲缘性,但亲缘关系远不止如此。通过比照黑格尔的辩证法思想,我们发现皮尔士哲学和黑格尔观念论还存在一个细微却至关重要的共识,即世界的发展过程是借由某种中介(mediation)而产生的连续进程。这一发现将会揭示出皮尔士哲学中另一个不为人重视的特征,即对中介性的强调,这也将再度揭示皮尔士的连续论思想。

值得注意的是,黑格尔和皮尔士对中介原则的阐述都与他们对直接知识(immediate knowledge)的批判有关。黑格尔在《小逻辑》(*Lesser Logic*)中阐述思想客观性的第三种态度的时候,分析了各种形态的直接知识:对天主的直观认识(雅各比的信仰),对真理直接的、清晰明白的观念(笛卡尔的我思)等。① 在黑格尔看来,这些认为我们可以持有直接知识的观点,其根本特征在于,坚持认为仅存在孤立的直接知识,否认中介性也可能包含真理。这种意义上的直接知识应该被斥为一种对片面的、有限的关系的表达。因为,无论是数学理论的产生,还是对宗教信仰的追求,这些过程中的"知识的直接性不但不排斥间接性,而且两者是这样结

---

① 参见黑格尔:《小逻辑》,贺麟译,上海人民出版社2015年版,第154—169页。

合着的：直接知识实际上就是间接知识的产物和成果"①。真理虽是真的，但它也需要证明自己是真的，真理证明自己的方式便是以自己为中介，最终达到自己。这样一种被中介的真理才是黑格尔所谓的绝对真理。

皮尔士对直接知识的批判亦始于对笛卡尔式的直观认识和直观能力的批判。在 1868 年的《对于据称为人所具有的某些机能的质疑》(Questions Loncerning Certain Faculties Claimed for Man)②一文中，皮尔士对人类是否可以拥有直接的知识和直观的能力这两点做了细致调查，而后给出了否定的回答，提出"除了借助符号，人无法思维"这一贯穿其整个哲学生涯的观点。

基于对符号的理解，皮尔士在 1905 年从符号角度对实用主义做出了重新定义："实用主义最初是以格言的形式被宣布的……这次则是以直陈语气表述：任何符号的整个智性要旨就在于理性行为的所有一般模式的总和，该理性行为会因对该符号的理解而发生，并有条件地依赖所有可能不同的情景和欲望。"③我们将在 6.14 节借此具体提出和阐明符号实用主义(Semiotic Pragmatism)的思想。通过符号哲学视角对实用主义进行的这一表述意味着，我们不仅可以将皮尔士的实用主义理解为阐释"对象-概念-意义"或"信念-习惯-行为"之间关系的原则，甚至可以

---

① 黑格尔：《小逻辑》，贺麟译，上海人民出版社 2015 年版，第 161 页。
② 参见皮尔士：《皮尔士论符号》，胡普斯编，徐鹏译，上海译文出版社 2016 年版，第 44—66 页。
③ CP 5.438.

理解为"符号-一般模式-效果"之间相互关联的原则。4.1节的讨论将有助于我们理解这里的思想。就目前的讨论而言,重要的是要认识到,皮尔士对实用主义的这些理解均暗示了与黑格尔相同的一个洞见:中介化。对此,皮尔士明确说道:"实用主义将概念视为一个心灵符号,或在其塑造的对象与意义之间的中介,或该对象通过概念所能产生的效果之间的中介。"①

简言之,皮尔士对实用主义的三种阐释都包含了一个中介性的三元结构:就概念的意义而言,有"对象-概念-意义"的三元结构;就信念的内容而言,有"信念-习惯-行为"的三元结构;就符号而言,有"符号-一般模式-效果"的三元结构。所有三元结构都揭示了实用主义的一种更为根本的观念:意义的阐释、行动的实施以及符号的意指活动均需要"中介"的参与,没有哪一种活动是直接地被给予的。

根据皮尔士的符号实用主义,一个符号的意义体现于该符号所造成的所有行为或后果,实际上,这也就是皮尔士对符号本性的定义——符号总是指向自身之外的东西,而符号指向他物的方式是通过作为中介的诠释项实现的(我们将在第4章具体讨论皮尔士的符号哲学)。用实用主义的表述来说,符号通过某种一般模式来产生特定效果,这种一般模式可以是人的习惯或自然的法则。在这种符号三元结构中,符号本身就相当于黑格尔所谓的直接性,其自身不包含任何实质的内容;行为或效果则是黑格尔所

---

① MS [R] 320: 5-7.

谓的否定,它是对直接性的现实化或否定;习惯或法则就是符号和效果的合题,前两者在此得以统一。恰是在这种中介化的三元结构中,黑格尔和皮尔士同时看到了世界、意识或精神持续发展的进程。

需要及时澄清的是,此处论及的连续性不是指黑格尔在谈论连续与离散的辩证关系时所指的连续性,而是其整个哲学所呈现出来的连续性。这种连续性体现在两个方面,即统一性和整全性。统一性体现在黑格尔对各种二元关系的综合:精神与物质、信仰与理智、自由与必然、存在与非存在、有限与无限等,这些二元对子在黑格尔那里体现为同一主体不同的发展阶段。就它们属于一个主体而言,是同一;就其本身是对立的而言,是差异;最后统一起来的便是有差异的同一。黑格尔认为,严格地说只有一个主体,那就是"绝对",而其他具体的主体都不过是绝对的不同阶段,这便是整全性——除它之外再无他物。达成这种统一性和整全性的主要手段便是中介化的过程,这是一个不断自我扬弃、自我发展的过程。通过扬弃的中介活动,简单的直接性变成了包含间接性的直接性,静止的实体成为一个活动的主体。总之,中介性使自我意识得到了发展。这种发展的因素在"在一切地方、一切事物、每一概念中都可以找到"[①]。皮尔士曾经评论道:"宇宙每一处都渗透了连续性的生长。"[②]这既是黑格尔哲学的奥义之一,也是皮尔士赞赏黑格尔的地方之一。皮尔士哲学亦致力于在

---

① 黑格尔:《逻辑学》(上册),杨一之译,商务印书馆1982年版,第110页。
② CP 1.40.

不连续中寻求连续,而在二元关系中寻求三元关系,是连续论更为具体的体现。

对于皮尔士而言,**连续性**与**一般性**是同一个东西:"真正的一般性就是一种基本的连续性,而连续性无非就是一种完美的关系法则的一般性。"① 在连续性内,不同的部分和个体因某个因素(通常是规律性)联结成一个整体,例如,"地球上的所有事物都受重力影响"这一观念将植物、动物和无机物这些不同的个体联系了起来——它们都受重力影响。因此,在一定意义上,我们可以说皮尔士的连续性是对离散的个体起到**规范**作用的东西。恰是因为有一般的规范法则,实用主义原则才能够发挥作用,我们才可以通过某个概念产生的行为或效果去理解该概念的意义。

皮尔士关于连续性的论述还揭示了它的另一个特征,即**流动性**。在连续性的关系中,一个东西可以脱离它原来的规定,进入到另一个规定。例如,我们原先认为地球是太阳系的中心,但我们现在认为太阳才是。正如黑格尔主张的,一切具体事物都是绝对发展的某个阶段,没有任何一个具体之物可以静止地保持自身。基于连续性这种特征,皮尔士会说:"可错论是连续性原则的客观化。因为可错论是这样一种学说:我们的知识从来都不是绝对的,而是总在不可靠性和不确定性的连续统一体中游动。"② 与黑格尔的想法一致,皮尔士也未将这种流动视为是绝对分裂的,而是将之作为一种向实在(或绝对)的推进。用皮尔士的符号哲

---

① CP 6.172.
② CP 1.171.

学的方式来说:一个符号带有一个诠释项,而每个诠释项本身也是一个符号,并以另一个诠释项指向另一对象;由此,这个意义的链条就可以无限延伸下去,最终形成一个网络,直至达到一个终极的诠释项,也即一个绝对心灵(absolute mind)。可以说,皮尔士是在以符号活动来阐述黑格尔用概念辩证法所阐述的进程。我们将在4.1节中具体阐述这种符号活动的进程。

基于上文的讨论,我们不难理解为何皮尔士会被黑格尔哲学吸引。观念论是二人哲学理论共同的底色,中介性是他们哲学主张中共有的洞见。在符号实用主义的定义中,实用主义亦与黑格尔的辩证法具有一致的洞见和异曲同工的效果,两者均致力于揭示一种自我发展的连续进程。皮尔士哲学和黑格尔哲学在形式上还有着巨大的相似性,具体体现在"三合一"的结构上。黑格尔辩证法正—反—合的三段论结构与皮尔士的符号三元结构如出一辙;皮尔士本人也明确地将黑格尔思想的三个阶段对应于他的三个范畴。① 然而,我们也须注意的是,皮尔士在赞赏黑格尔的同时,也有意地强调他的哲学与黑格尔哲学的不同之处,在他看来,这些不同之处足以将黑格尔的绝对观念论与实用主义区分开来。我们将在3.4.2节中具体讨论皮尔士与黑格尔思想上的不同。

3.3 新范畴表

如皮尔士对康德哲学的批判以及他对黑格尔哲学的继承所

---

① See CP 8.213, CP 8.267.

共同呈现的那样,心、物二元论在皮尔士哲学中没有一席之地。紧随而来的问题是,如何通过"抽象"联结起诸种源于"事物"的感觉,并同时产生"思维"？青年皮尔士在1865年以《论科学的逻辑》为题的"哈佛讲座"、1866年以《科学的逻辑,或归纳和假设》(The Logic of Science, or Induction and Hypothesis)为题的"洛威尔讲座"以及1867年发表的《论一个新范畴表》(On a New List of Categories)中提供了一种回答,其中既包含了他不同于康德的"新范畴表",也包含着对其符号哲学的初步表述。尽管皮尔士本人对这次表述甚为不满,认为从逻辑的视角看,这是他做过的最令人不满意的表述。① 肖特(Thomas Short)甚至认为皮尔士的这一早期思想是理解其后期成熟思想的绊脚石。② 然而,在我们看来,皮尔士这一时期的表述有着不容忽视的价值,我们从中既可以看到他脱离康德哲学的尝试,也可以窥见其符号哲学的雏形。本节将主要讨论皮尔士如何诉诸新范畴表,来论述思维和事物之间的连续关系。这一论述促使我们重新思考现象,进而透过符号的视角重构现象。

在《论一个新范畴表》中,青年皮尔士提供了一个不同于康德的范畴表。范畴是借以思维事物的形式,提出新的范畴表,意味着会以不同的方式思维事物。在康德那里,"范畴"是知性而非感性的纯形式概念,是我们借以对事物进行分类的根据,它能够在

---

① See CP 2.340.
② See T. L. Short, *Peirce's Theory of Signs*, Cambridge: Cambridge University Press, 2007, p. 32.

先验上有效地适用于经验,但它不源于经验。不同于康德的理解,皮尔士的"范畴"①是关于实体的表象模式(representation mode of substance),范畴的发生和运作与对事物的经验和抽象过程密不可分。我们可以围绕"如何获得关于物自身的知识"这一认识论问题来理解这一新范畴表,进而揭示它们之间的内在关联。

新范畴表中的第一个范畴是"实体"(substance),它是心灵所指向的"一般在场之物"(what is present in general),是心灵在一般意义上辨识到的东西,它没有任何内涵,因为心灵的这种指向没有包含任何对感性杂多的统一,仅意味着纯粹的可能性。② 从逻辑上说,实体仅能用作主词,不可用作谓词,"既不表述一个主体,也不在一个主体之中,由此便与实体概念同一"③。实体是与自身同一的,但它予以我们诸多现实的感性刺激,逻辑命题中主词与谓词的联结恰体现了在知性中得到实现的感性杂多的统一,于是,"存在"(being)这一新范畴表中的第二个范畴体现的是统一的感性杂多所呈现的模式。它是实体的存在模式或表象模式,它构成了"意识的中心,是完整的知性行为",从而我们可以根据"存在"的模式把握实体。④

---

① 实际上,在《论一个新范畴表》中,皮尔士更多使用的是"观念"(conception)一词,它与"范畴"可互相替换地使用。皮尔士后来在 1885 年认识到使用"观念"一词是不妥的,故而本章此处的讨论统一使用"范畴"一词。参见 CP 1.353。
② See W1: 473.
③ W2: 49-45;中译参见皮尔士:《皮尔士论符号》,胡普斯编,徐鹏译,上海译文出版社 2016 年版,第 30 页。
④ See W1: 473, W2: 49-50;另参见皮尔士:《皮尔士论符号》,胡普斯编,徐鹏译,上海译文出版社 2016 年版,第 30—31 页。

3. 现象学

对从"实体"到"存在"具体过程的分析引出了新范畴表中的另外三个中介性的范畴,即"属性"(quality)、"关系"(relation),以及"表征"(表象,representation)。这三个范畴分别体现了实体在三个层次上的存在模式。

"属性"是我们从实体那里获得的最初印象(first impression),例如"红"(redness)。从内省的视角看时,我们被动地接受这些最初印象,因此属性在最初印象中是纯粹被给予的东西,它构成了认识的基底(ground)。"关系"则体现了对实体予以我们的感性杂多的综合以及实体与另一个实体间关系的把握,它实现了从"多"到"一"的综合,但这个"一"——皮尔士称之为"关联项"(correlate)——最终还需能够被设想为"我们的",于是,它还需抵达"表征"的范畴。皮尔士提示道,一方面,"'表征'一词在此要在一种非常宽泛的意义上来理解……在这个意义上,一个词将一事物表象为听者心灵中的概念,一幅肖像将它想要描画的人表象为认知概念……"①。另一方面,表征"基于多种印象之凝聚贯穿而出现,因而它并不像另外两种指代那样,把一个概念与实体结合起来,而是直接地综合起了源于实体本身的杂多"②。就此而言,表征的特征在于,它是"我们的"概念,有着"译介者"(阐释

---

① W2: 54;中译参见皮尔士:《皮尔士论符号》,胡普斯编,徐鹏译,上海译文出版社 2016 年版,第 36 页。皮尔士也更愿意使用德语词 *Vorstellung* 来指认知能力带来的任何对象,因为英文 representation 一词容易让人产生误解,即认为认知的目的在于将某种外在事物"再现"于心灵(W1: 257)。

② W2: 54;中译参见皮尔士:《皮尔士论符号》,胡普斯编,徐鹏译,上海译文出版社 2016 年版,第 36 页。译文略有改动。

者,interpreter)的职责,诉诸它所代表的"阐释项"(interpretant),我们便能够把握实体。

进而言之,青年皮尔士借助属性、关系、表征(阐释项)这三个范畴完成了从实体到存在的过渡。关于阐释项的中介性作用,我们已在3.2.2节中论及。紧随新范畴表而来的是新的"对象表",符号的"三元性"结构也在此得到了初次表述。如"图表3-1"所示:

图表3-1 皮尔士的范畴、对象、符号分类表[①]

范畴表	对 象 表	符号分类
实体	它(It)	
属性	感质(quale)-代表(refer to)-基底的对象	像似符(likeness)
关系	关系项(relate)-代表-基底与关联项的对象	指示符(indices)
表征	表象载体(再现体,representment)-代表-基底、关联项与阐释项的对象	象征符(symbols)
存在	所是(what is)	

首先,从"范畴表"一列看,属性、关系和表征三个范畴间有着

[①] See W2:54-55;另参见皮尔士:《皮尔士论符号》,胡普斯编,徐鹏译,上海译文出版社2016年版,第37—38页。

单向的割离(舍离,prescission)关系,即属性可以与关系、表征割离而独立存在,关系可以与表征割离但不可与属性割离,表征无法与属性和关系割离。皮尔士后来放弃了这种严格的割离关系,认为这种割离是难以做到的。① 但是,从这里的表述中可以看出,在从实体进展到存在,从而实现"事物"是"它"之所是(It is what is)的过程中,**"我们的"表征必须以属性和关系为条件才是可以设想的**。青年皮尔士指出,"表征是事物的特征,事物凭借它产生了一定的心理效果,可以用它来代替另一个事物。我将拥有这种特征的事物称为表象载体,心理效果或思维则是表征的阐释项,它所代表的事物则是它的对象"②。该"对象"必然首先已经在属性和关系的层面上得到了刻画,才最终能够在表征的层次上被呈现给心灵,成为一种"表象载体"。关于表象载体,迪利(John Deely)有一个很好的隐喻,即将表象载体理解为"符号媒介"(sign-vehicle),它代表着心灵之外的某种事物,但自身不依赖于该事物存在;它同时是可为心灵把握的东西,它本身就是一个符号。③

其次,从"符号分类"和"对象表"两列看,每一类符号都有着与之对应的"对象",这些对象体现了实体在不同范畴层次上的表

---

① See CP 1.353.
② CP 1.564.
③ See John Deely, *Four Ages of Understanding: The First Postmodern Survey of Philosophy from Ancient Times to the Turn of the Twenty-First Century*, Toronto: University of Toronto Press, 2001, p. 638.

象模式,故而,我们也可以说,符号体现的是实体的表象模式。①在此意义上,符号不同于用于指称某种外在于思维范围的事物的"概念":透过符号与表象的模式,我们直接思维着事物。在此意义上,弗雷德曼(Anne Freadman)认为,皮尔士摆脱了康德式的"理性批判"而走向了"表象批判"。② 皮尔士本人也指出,"一切均是表象"。③

最后,甚为关键的是,青年皮尔士哲学体现了这样的认识论立场,即**范畴化的过程也是一个认知的过程**。范畴化具体体现于对事物的诸种属性以及事物之间有着怎样的相似性或关系做出的"假设"(hypothesis)性推理。皮尔士大约在 15 岁便确认道:"人类的真理永远不会是绝对的,因为'事实'的基础是'假设'。"④"假设"带来了对事物的存在模式的理解,即范畴化的理解,在 1865 年的札记中,26 岁的皮尔士明确道,"假设和范畴之间没有逻辑上的差别"。⑤ 在同年的以《论科学的逻辑》为主题的"哈佛讲座"中,他将"假设"视为下述三种基本的科学逻辑方法之一,即归纳、假设和演绎。三种逻辑方法的功能如下表所示:⑥

---

① See CP 2.274.
② See Anne Freadman, *The Machinery of Talk*, Stanford, CA: Stanford University Press, 2004, p. 5.
③ W1: 326.
④ W1: 7.
⑤ W1: 337.
⑥ See W1: 290, 338, 276, 479, et al.

图表 3-2　科学逻辑的三种方法

逻辑方法	逻辑功能
归纳	使得实体内涵化（与事物相关）
假设	就实体的外延提出理解（与表象模式相关）
演绎	以命题形式提供关于实体的信息，其中，信息＝内涵×外延（与记号相关）

其中，归纳是一个发现一般特征并建立起自然分类的过程，是一个将事物内涵化（connotative）的推理；假设则提供给我们关于原因（causes）和力（forces）的知识。借助假设，我们推测事物为何如此，它是指示事物外延（denotative）的推理。

"假设"是皮尔士最为强调的逻辑方法，它既是指一种根据已知（the known）来推测未知（the unknown）的阐释性推理，即针对思维中的感性成分做出的一种推理（reasoning）[①]——皮尔士后来将这种推理称为"外展推理"，"外展推理是提出一种解释性的假设的推理。它唯一的逻辑上的作用在于引入新的观念"，[②]这种观念体现于思维中对实体未知方面的新的理解，也是"对某种我们

[①] See W1: 428, 451; See also CP 2.643.
[②] CP 5.171. 根据西比奥克的解释，外展推理像是一种基于诸多观察的"顿悟"，一种无意识的知觉本能，一种推理的"情绪"，因而它与我们清晰地做出的归纳和演绎十分不同。参见 Thomas Sebeok & Jean Umiker-Sebeok, "*You Know My Method*": *A Juxtaposition of Charles S. Peirce and Sherlock Holmes*, Bloomington: Gaslight Publications, 1980。

未经验过的事物的范畴性断言……'假设'实际上是较小的命题性推理",①即对表象模式的理解。

基于归纳和假设,我们最终可以在命题的层次上运用演绎表达关于实体的信息(information)。信息包含了我们内涵性地理解"刺入"世界的深度(depth),也有着以推理方式展开的关于实体理解上的宽度(breadth)。"命题"提供的信息同时包含了这两个维度的融合,即"信息=深度×宽度"②,这最终实现了在表征的层面上提供关于实体的知识,即我们可以用命题来表达实体和存在之间的关系。如此一来,思维能够直接思及和表达世界。

总结而言,在拒斥康德对本体与现象的区分之后,皮尔士诉诸新范畴表在实体和存在之间建立起了连续的表象模式,进而认为透过符号可以直接思考世界的自身呈现。思维的基底是由于对那些呈现做出"假设"而获知的事物的存在模式或表象模式。皮尔士后来在反思其新范畴表时指出:

> ……我那时将之称为属性、关系和表征的范畴。但是,我那时还未注意到,不可拆分的"关系"必然会要求不止两个主体;出于这一原因,使用"反应"(reaction)一词会更好。此外,我当时的确没有充分认识到自己语言表述上的不当之处,甚而尝试在更为一般的意义上使用"表征"一词,但这种用法不同于人们习惯的用法。使用"中介"一词会更好。所以,三个范畴是属性、反应和中介。然而,更

---

① W1: 266-267. 引文强调部分为笔者所加。
② W2: 82-83.

为科学的说法是第一性、第二性和第三性,这一表述完全使用了不会产生任何错误联想的新词。①

实际上,皮尔士的新范畴不仅提供了关于思维和实在关系的理解,也促使我们重新审视现象,进而重新思考我们与世界之间究竟有着怎样的关系。

3.4 现象的重构

3.4.1 现象的三元性

大约在 1902 年,皮尔士开始使用显像学(Phaneroscopy)一词来阐明其现象学,随后在 1903—1909 年间,皮尔士对现象学作出了很多思考。② 从认识论上看,我们一般诉诸现象来分析本体这种掩藏着的更为根本的东西。皮尔士对现象的理解不同于通常的理解,他所谓的显像(phaneron)是指一种一般性的现象,我们无法对它做出更进一步的还原。具体而言,"显像"主要有着如下三点特征。

第一,它指的是某种纯粹呈现出来的东西(mere appearance),是我们在一致的观察中所确认的东西,是呈现在心灵中的单一

---

① CP 4.3.
② 皮尔士起初也用 Phenomenology 一词,但在 1904 年后,他更偏向于使用 Phaneroscopy 一词。Phaneron 的意思是"呈现"(manifest),显像学(Phaneroscopy)是对任何可能呈现或可被思维之物的观察。皮尔士的理解有着独特之处,但为了讨论方便,本书中仍用"现象学"来指皮尔士关于显像的讨论。

的、整体性的内容,从而,显像不仅包含了现实的观察和经验中的内容、可能的经验内容,也包含了能想象到的、感觉到的、思维到的、欲求的任何事物。① 就此而言,源于外部事物且与心理密切相关的现象仅是皮尔士意义上的显像的一种可能样式。这体现了皮尔士与康德思想的不同,如阿特金斯(Richard Kenneth Atkins)指出的,皮尔士认为康德对现象的理解有着狭隘之处:一是康德仅在感性的意义上理解现象,仅将呈现于我们感觉中的东西视为现象;二是康德因此在现象和物自身之间设置了界限,进而由于现象需要一个来源,因此必须设定作为现象来源和基础的物自身。②

第二,皮尔士并不要求为显像设定一个外在的物自身作为其来源。相比之下,康德意义上的"现象"则以某种作为本体的物自身作为基础。胡克威指出:"这种总体性的东西(指单一的显像。——笔者注)是指以任何方式、在任何意义上呈现在心灵中的东西,无论它是否代表了任何真实的事物。"③我们在5.1节中诉诸符号来具体分析显像时,再来讨论下述问题:以任何可能方式存在的显像均可以得到理解,这究竟何以可能? 该问题通向皮尔士的符号认识论。

第三,康德将物自身予以我们的感性刺激作为经验的来源而

---

① See MS〔R〕284:38, MS〔R〕338, CP 1.284, 5.37.
② See Richard Kenneth Atkins, *Charles S. Peirce's Phenomenology: Analysis and Consciousness*, Oxford: Oxford University Press, 2018, pp. 74–75.
③ Christopher Hookway, *Peirce*, London & New York: Routledge, 1992, p. 79.

非知识的基础,这是因为在经验中我们纯粹被动地接受来自外部世界的感性刺激,由此获得的感觉材料是未经综合从而没有任何统一"形式"的"杂多"。相比之下,皮尔士意义上的显像不仅是被强加给我们的,它还"包含着最为反复无常的魔术,虽然尚未成为我们认知意识中的对象,但作为内容已经有了模式"①。故而,它是可为我们理解的内容。

根据对显像的上述阐述,皮尔士无须像康德那般赋予"范畴"以先验性,进而要求诉诸范畴的知性活动能够普遍适用于涉身世界的经验活动——这里的反讽之处在于,康德首先在本体与现象、世界与心灵之间设置了一道界限,而后试图跨过这道界限。如 3.1 节指出的,皮尔士拒斥这种"首先制造问题,然后试图解决"的策略,他对显像的界定也表明,显像已经有了某种与后来用于描述它们的语言相同的结构或模式,从而它根本上是可把握的,因此,显像也不同于康德式的"直观":直观是主体运用先验范畴对感性杂多综合而来的结果,而显像的结构是其自身拥有的。②

总而言之,对显像结构或形式的分析构成了皮尔士的"显像学":

---

① NEM 3:834.
② 埃科基于皮尔士这里的立场揭露了"符号存在论"的基本意旨:"像第一性、第二性和第三性这样的范畴,以及阐释本身的概念,不仅为意指方式下定义——也就是世界被认识的方式——它们还是存在方式,世界作为的方式,世界在进化过程中解释自身的程序。"(参见埃科:《康德与鸭嘴兽》,刘华文译,上海译文出版社 2019 年版,第 108 页。)

> 显像学（phaneroscopy 或 phenomenology）是对现象进行的描述。所谓"显像"（phaneron），我的意思是指那些以任何方式、在任何意义上呈现于我们心灵中的所有事物的总体，而这与它们是否与任何实在之物相对应完全没有关系。如果你问现象呈现于何时，以及呈现于谁的心灵之中，我不会回答这类问题；因为毫无疑问，**在我心灵中所发现的显像特性会呈现在所有时间之中，并且也会呈现于所有心灵之中**。就我所提出的"显像学"这门科学而言，它所研究的是显像的形式成分（formal element）。①

现在的问题是，显像有着怎样的形式或结构以及为何拥有这般"形式"？显像的特性为何能够"呈现在所有时间之中，并且也会呈现于所有心灵之中"？关于前一个问题，需要注意的是，"形式"并非指概念性的逻辑形式，而是指事物的存在模式，即现象的"范畴"。3.3 节中，我们已经讨论了青年皮尔士在《论一个新范畴表》中提出的新范畴理论，在那里，皮尔士将实体与存在视为必然性范畴，将属性、关系以及表征视为三种呈现了实在的存在模式的偶然性范畴，分别对应于肖像、标指、记号这三类符号。在1868—1888 年间，皮尔士在《一、二、三：思维与自然的基本范畴》（One, Two, Three: Fundamental Categories of Thought and of Nature）、《试猜这个谜》（A Guess at the Riddle）等处则将符号的

---

① CP 1.284. 中译参见皮尔斯：《皮尔斯：论符号 李斯卡：皮尔斯符号学导论》，赵星植译，四川大学出版社 2014 年版，第 8 页。译文略有改动，引文强调部分为笔者所加。

3. 现象学

三元性表述为第一性、第二性和第三性这种在其哲学中固定的表述。符号的三元性体现了显像的三种存在模式,即显像的三种范畴,其中,"第一性表象(the First)是那种其存在无非是在自身中的东西,它既不指向任何其他东西,也不隐藏在任何其他东西背后。第二性表象(the Second)是那种借助某物的力而成其所是的东西。第三性表象(the Third)则是那种由于它所中介的事物以及它在二者之间所建立的关系而成其所是的范畴"①。

关于显像的这三个范畴,皮尔士指出它们有着普遍性:"我们可以从那些在任何时间、以任何方式出现在我们心中的任何事物的成分中直接观察到这些存在方式。它们分别是实在的、质的可能性的存在,现实事实的存在,以及那种支配未来事实之法则的存在。"②根本而言,如同在康德那里我们仅仅通过先验范畴才可能思考现象一样,范畴构成了显像所有可能的存在方式。我们无法不通过符号而思维,**显像无法不通过范畴而存在**。

具体而言,关于第一性这种存在模式,它是其所是,不意指任何其他事物,例如,感觉到的某种属性或纯粹的呈现,因此,这种属性是世界的单一的(monadic)标号,并且"任何事物,无论它多么复杂和异质,均有其独特的品质(character)以及感觉的可能性

---

① EP 1: 248. 我们应该注意波特曾经提示过的一点,即不应将范畴(firstness, secondness, thirdness)与范畴的构成要素(first, second, third)混同起来。参见 Vincent Potter, *Charles S. Peirce on Norms and Ideals*, New York: Fordham University Press, 1997, p. 14。

② CP 1.418. 中译参见皮尔斯:《皮尔斯:论符号 李斯卡:皮尔斯符号学导论》,赵星植译,四川大学出版社2014年版,第20页。

(假如我们的感觉只对其有反应的话)"①。因而,从模态上说,第一性体现了存在的可能性。

关于第二性这种存在模式,其存在与一个第二项有关,但不包含第三个项,其二项(dyadic)体现在心灵的"斗争"(struggle)之中,其中,"斗争"指的是,"两种事物之间的那种相互作用,它与任何种类的第三位(或媒介)无关,特别是与任何行为的法则无关"。进而言之,斗争体现在由于"实在"施加给我们的蛮力而产生的直接的"抵抗"之中,这种抵抗同时体现出了意识自身的某种努力,因此,"第二性有着两面性(two-sidedness),即抵抗和努力,这是意识的两个层次,体现了行动(action)和知觉(perception)的两面"。② 关于"行动",皮尔士解释道:"实在(real)是主动的(active);我承认此点,并把它称为是现实的(actual)[该词源自亚里士多德所使用的词'ενέργεια',即行动,它是指那种与完全原始状态相对立的存在]。"③在此意义上,事物也有着主动呈现自身的一面。仅就意识而言,行动体现的是意识被动地接受事物所施加的影响。在具体的行动和知觉中,意识领会到其具体的对象,第二性体现了存在的现实性。我们认为,关于第二性,有着需要进一步强调的三个要点。

第一,尽管我们可以很自然地将第一性归因于外部事物,但

---

① CP 1.420;See also 8.328 – 329.
② See CP 8.328, 8.330, 1.322 – 2.323. 中译参见皮尔斯:《皮尔斯:论符号 李斯卡:皮尔斯符号学导论》,赵星植译,四川大学出版社2014年版,第22—23页。
③ CP 1.325.

3. 现象学

在第二性中,我们也能确认事物的存在,因为纯粹的属性不会抵抗,事物才会抵抗。恰是由于意识触碰到了独立于它的事物,它才遭遇到"抵抗"。"行动"中与这类事物的接触构成了我们的经验,"经验是生命的历程。世界是经验的反复灌溉"①。因此,我们至少可以认为,在皮尔士这里,初始符号直接触及了传统认识论竭力探求的外部事物,即物自身。实际上,皮尔士明确写道:"意指的每一种积极模式(every active mode of signifying)都源于事物的某种属性。应该直接注意到的是,既然这种能力或意指的积极模式不是某种虚构,那么必然可以得出的是,意指的每一种积极模式必然源于事物的某种基本属性。"②

第二,从第二性的知觉一面看,当我们遭遇抵抗时,"使我们在知觉的改变中认识到诸种事件的,是经验的(那种)特殊领域。震惊(shock),特别能够代表这种感知的突然改变。震惊是一种意志现象(volitional phenomenon)"③。这种意志可被理解为一种初始的意向性,一种意识向事物施加意义(significance)的倾向。在此过程中,世界的主动呈现亦不再杂乱无章。在此意义上,皮尔士亦指出,"意指的模式和理解的模式是双向的"④。

第三,从第二性的视角看,根据前述两点,我们可以较为容易地理解皮尔士的知觉理论。皮尔士在 1902 年首次区分了"觉知"

---

① 皮尔斯:《皮尔斯:论符号 李斯卡:皮尔斯符号学导论》,赵星植译,四川大学出版社 2014 年版,第 20 页。
② W2: 22.
③ CP 1.332.
④ W2: 23.

(percept)和"知觉判断"(perceptual judgement),认为**知觉中同时包含了觉知和知觉判断**。具体而言,(1)觉知不同于纯粹的感觉材料(sense data),在皮尔士那里,感觉材料仅是一种诸如神经刺激的生理学上的预设,我们无法直接意识到它是什么,却需要根据它们来获得觉知。但是,(2)觉知也是一种非语言性的实体,是关于前述神经刺激的一种图像或影像,尚未进展到判断的层面,在此意义上,我们可以将它理解为第一性的显像或第二性中"实在"主动施加给意识的某种东西。(3)觉知构成了知觉判断的内容,但推理的前提是知觉判断而非觉知,其中"判断性"体现于第二性中意识向事物主动施加的意义。从而,(4)觉知是不可错的,只有知觉判断才有实质的真、假。最后,(5)知觉包含了觉知和知觉判断,这种意义上的知觉构成了知识的基础,是我们能够加以验证的知识单位。①

关于"觉知",胡克威指出它有着如下三点特征:(1)它体现了质性的特征,是自成一类的,与其他任何事物均无关;(2)觉知促使觉知者(perceiver)认可它,是觉知者无可避免地接受的东西,在此意义上,觉知是一类经验所予(sensory given)的;(3)觉知不提供任何理由。② 从而,在对外部事物的初始经验中,觉知体现了接受事物施加给我们的"影响"的被动性的一面,知觉判断则体现了意识对事物施加意义的主动性的一面。**一个完整的知觉**

---

① See CP 2.27, 2.141, 5.115, 5.56.
② See Christopher Hookway, *Peirce*, London & New York: Routledge, 1992, pp. 120-122.

3. 现象学

同时包含了被动性和主动性的两面。

关于皮尔士的知觉理论，一个容易发现的问题是，知觉中的"判断性"从何而来？皮尔士的回答是，知觉还同时体现了第三性。

关于第三性这样一种存在模式，它联结起了根据它所中介的事物以及根据它而得到理解的对象，是第一性和第二性的中介。第三性的本质是中介性和关系性，因此，第三性包含了三个项，即它自身、根据它自身所指向的事物以及根据它自身所理解或阐释的对象，其中的要点是，**阐释涉及对第三性所包含的"法则"（law）的应用。**①

我们不妨在认知外部事物的传统认识论的情形下来理解什么是第三性，以及第三性中为何必然包含对法则的应用等问题。设想存在一个符号 S，它意指某一显像，同时意指显像中的第一性，即事物 T；根据 S 所牵涉的法则 L，我们将 T 阐释为认知中的对象 O，即显像中的第二性；于是，显像中的第三性对应于符号中的第三项，即阐释项（Interpretant，简写为"I"）。我们由此可以清楚地梳理出第三性的三个项：T—O—I，它的中介性特征：通过 O 理解 T，以及它的关系性特征：根据自身的法则 L 来理解 O 与 T 之间的关联。这里同样有需要进一步厘清的几个要点。

第一，第三性无法与第一性和第二性相割离，从显像范畴的组合角度看，我们可以有：②

---

① See CP 8.286.
② See Vincent Potter, *Charles S. Peirce on Norms and Ideals*, New York: Fordham University Press, 1997, p. 17,

第一性的第一性	自在的属性或可能性(初始性,primity)
第二性的第一性	实存或现实性(偏向性,secundity)
第三性的第一性	精神性(三级性,tertiality)
第二性的第二性	反应
第三性的第二性	作为现实驱动力的法则
第三性的第三性	普遍性、法则性、合理性

范畴的这些组合反映了显像诸多可能的存在模式。我们在此可以将其中基于第三性的组合单列出来：

第三性的第一性	精神性(三级性,tertiality)
第三性的第二性	作为现实驱动力的法则
第三性的第三性	普遍性、法则性、合理性

可以看出，只有在第三性中我们才能够思维第一性和第二性，其中，第一性不再是单纯在自身之中的可能存在(如"铁本身"，即第一性的第一性)，也不再是在物与物的关系中呈现的纯粹的倾向性(如"铁的硬度"，即第二性的第一性)和反应(如"铁在潮湿的环境中生锈"，即第二性的第二性)。第三性的第一性的显像是事物以合乎法则的方式的自身呈现，第三性的第二性体现了法则的具体运作，第三性的第三性则是对法则性的清晰呈现——恰是诉诸共同的法则，我们才能够理解显像的可能存在将以确定的方式呈现为现实存在，"第三性……描述的是对未来事件有着制约性

的法则的模式。它通过预测未来可能被实现的确定倾向而呈现在经验中……第三性就体现在这样的事实中。第二性的未来事实将会呈现确定的一般特征"①。

第二,紧随而来的问题是,如何理解这里提及的第三性中的法则?或者说,这些法则又源于何处?对于此处的问题,我们需要结合本书第 1 章中对宇宙论的思考。无疑,我们不应将这里所谓的法则理解为适用于所有可能情形的康德式先天法则,皮尔士认为,在现实的探究中,我们会相信法则的存在,这体现在遇到异常现象时,我们会倾向于修改自身的阐释而不会怀疑物自身的运行方式。我们甫一睁开眼睛,便会受到源于世界的"硬事实"的撞击,然后试图理解之。经验的确在教导我们,而法则是在赋予经验中偶然且凌乱的感性内容以可理解性的力量,从而我们可以对事物间的法则关系提出解释性的"假设",这些假设会在科学共同体进一步的探究活动中得到确定,从而渐渐地适用于更多的可能情形,也因此更具普遍性。在此意义上,科学探究能够发现和披露自然秩序或法则,随之敞开的是一个可预测的、可理解的、充满意义的世界。简言之,**法则有着现实的作用,构成了理解的条件,并且科学的探究能够披露之。**

第三,紧接着前一点,皮尔士指出:"显像的第三个范畴则是由这样一类东西构成:当我们只是从外部思考它时,我们把它称

---

① Vincent G. Potter, *Charles S. Peirce on Norms and Ideals*, New York: Fordham University Press, 1996, pp. 12-13.

为'法则'(law),但当我们能看到它的内外两面时,我们把它称为'思维'(thoughts)。"①这意味着法则和思维是关于同一显像在两种视角下的描述,是同一枚硬币的两面——**范畴是显像得以呈现的条件,包含了法则的第三性范畴则是显像以可理解的模式呈现的条件**。简言之,思维的真正对象是第三性的显像,"在真正的第三性中,第一性、第二性以及第三性均体现了第三性或思维的本性,根据它们彼此间的关系,它们才分别是第一性、第二性和第三性。第三性在思维中的作用是制约第二性,它为心灵带来信息,或确定观念并为之带来具体的形态,这便是在形成思想或认知。但是,拨开心理上或偶然的人为要素的迷雾,我们在这种真正的第三性中看到的是符号的运作"②。"符号的运作"体现了"我们无法不通过符号而思维"的立场,符号的三元性、思维中第三性的显像的三元性,无不确认着思维有着三元性而非二元性(例如,概念性和非概念性、心灵和世界、思维和实在),更非一元性,**三元性构成了思维的基本特征**。

第四,我们发现显像的三个范畴也构成了从逻辑、本体论以及符号等视角理解事物的理论底色。根据哈克的表述,我们可以得出图表3-3:③

---

① CP 1.420.
② CP 1.537.
③ See Haack, S. "The Legitimacy of Metaphysics: Kant's Legacy to Peirce, and Peirce's to Philosophy Today." *Polish Journal of Philosophy*, 1.1(2007) 35.

图表 3-3 显像的三个范畴表

	第一性	第二性	第三性
关系逻辑	一项的	二项的	三项的
显像学	属性/感觉	行动/反应	中介/关系
本体论	可能性	现实性	实在
符号学	像似符（icon）	指示符（index）	象征符（symbol）

伯蒂尔松（Thora Margareta Bertilsson）也给出过一个类似但内容更为丰富的图表：①

图表 3-4 皮尔士的三个范畴表

范畴	符号框架	行动框架	存在的层次	存在的模式	关系
第一性	像似符	感受	一般模糊	潜在性	外展推理
第二性	指示符	行动、斗争	个体性	实存性，必然性	归纳推理
第三性	阐释项（象征符）	习惯、行为、法则	普遍性	有条件性	演绎推理

---

① See Thora Margareta Bertilsson, *Peirce's Theory of Inquiry and Beyond: Towards a Social Reconstruction of Science Theory*, Frankfurt and Main: Peter Lang, 2009, p. 65.

上述两表中有着诸多可以展开讨论的要点,例如,从关系逻辑和显像学的双视角看,第三性中包含着对法则的运用,从而可将可能性转化为具体的现实性。如果联系起所有的视角,我们将会得到一个有着复杂结构的符号宇宙,我们可以通过之后 5.1 节中的讨论具体看到这一点。诉诸第一性、第二性、第三性的范畴,皮尔士实际上为我们带来了一种十分不同的思维方式和世界观,即符号思维和符号世界观。

3.4.2 从现象学的角度再论皮尔士与黑格尔

我们在 3.2 节中主要讨论了皮尔士哲学与黑格尔哲学的亲缘性,然而,两者仍有着实质的差别。皮尔士写道:

> 然而,它(实用主义)通过严格拒绝第三性(黑格尔将此降级为不过是思维的一个阶段)足以构成世界,或甚至认为第三性自我就足够将这一点与绝对观念论切割开来。要是黑格尔坚持前两个阶段是三合一之实在的独立或独特的元素,而不是对前两个阶段持有轻蔑态度,那么实用主义者可能已经将他视为其真理的最大的维护者了。①

皮尔士这里所说的三个阶段即他的三个范畴:第一性、第二性和第三性。如 2.4.1 节阐明的那样,皮尔士从不同方面阐述了他的三个范畴。从本体论上说,第一性指的是可能性或潜在性,第二

---

① CP 5.434.

性指的是个体性或现实性,第三性指的是结合了二者的普遍性或必然性。它们分别对应于黑格尔逻辑学中的无规定的存在(纯存在)、有规定的现实存在(定在)以及具有无限规定的观念或理想存在(自为存在),亦分别对应于个体性、特殊性和普遍性以及辩证运动的正题、反题以及合题的三个发展阶段。简言之,皮尔士指责黑格尔忽视了他强调的第一性和第二性范畴,或者说,黑格尔忽视了理念辩证运动的过程,忽视了初始的可能性和过渡的现实性这两个阶段。

皮尔士对黑格尔的批判之一:无法被穿透的现实个体

在皮尔士哲学中,第一性、第二性和第三性是三种不可彼此化约或还原的基本范畴。它们之间具有不断演进的关系,但是在本体论上有着同等的地位。在皮尔士看来,黑格尔对第三性(即概念)的阐述已经非常好了,"但第二性的要素,即硬事实,在他的体系中没有得到应有的位置"[①]。皮尔士的第二性范畴指的是蛮力作用以及实存的个体与事实。表面上看来,皮尔士的作为第二性的个体与黑格尔所谓的"作为否定的特殊性"具有相似的特征:(1)它们都是某种现实化的东西;(2)我们对个体的认识都只能是从外在行为或效果而来。黑格尔甚至说过极具实用主义风味的话:"其实,说个体自在的是什么,不外乎指它的动作行为是什

---

① CP 1.524.

么，而个体所面临的外在环境，也不外乎是它所作所为的后果，并且可以说就是个体自身。"[1]然而，在这表面的相似性之下隐藏着二者对个体性理解上的差别。

黑格尔对个体性的理解有两点值得注意：(1) 个体性是普遍性的现实化；(2) 个体化的原则是规定性（或否定性），而规定性本身又是普遍性的。正是基于这样一种对个体性的理解，特殊性（即个体性）和普遍性在黑格尔那里才能得到统一。因此，根据黑格尔对个体性的理解，确定（determine）一个个体的是其所具有的规定性，例如，确定苏格拉底的是"男人""生活在希腊""善于辩论""塌鼻"等一系列属于苏格拉底的属性。相比之下，皮尔士不认为确定个体的是其各类一般属性。因为对他来说，一般的规定性是第三性（当规定是潜在的时候就是第一性）的，如果个体是由其属性确定的话，那么这相当于说第二性可以被还原为第三性；同时，这也将导致三个基本范畴中的第二性范畴变得不再是基本的。皮尔士的整个范畴理论都建基于三个范畴的基本性和不可相互还原性。

皮尔士继承了司各脱关于此性（haecceity, thisness）的分析。[2]确定一个个体的不是其属性，而是个体独有的此性。此性最根本的特点是不可分性和单一性，从认识论上来说，我们甚至可以认

---

[1] 黑格尔：《精神现象学》（下册），贺麟、王玖兴译，商务印书馆2013年版，第332页。
[2] See John F. Boler, *Charles Peirce and Scholastic Realism*, Seattle: University of Washington Press, 1963, p. 52.

3. 现象学

为它不可被概念所把握。同时,皮尔士更清楚地指出了个体的另一特征:"它的实存,就其存在而言,不在任何性质中……人们并不是在对其性质的知觉中认识它,而是在触及其此时此刻的坚持(insistency)中认识它,这就是邓·司各脱所说的此性;即使他没说,这也是他一直在摸索的东西。"[①] 然而,这样理解个体(第二性)将会给皮尔士造成严重的困难:根本而言,个体性似乎成了一种无法认识的东西,或者说,成了物自身。我们在 3.2 节论述道,皮尔士和黑格尔的共识之一便是摒弃康德所谓的物自身,现在皮尔士自己似乎又将物自身召回了。皮尔士为此需要克服一个两难困境:如何在保持第二性或个体的独立性的同时,保证普遍的可理解性。

皮尔士的符号实用主义为该问题提供了一个有效回答。我们将在 6.1.4 节具体讨论符号实用主义,在此仅作简要的提示。符号可分为像似符、指示符和象征符,每一种符号都可以以一种特定的方式表征对象。象征符是一种规定,指示符却不是一种规定,而只是对一种现实存在的不可回避的承认。现实的个体存在可以通过指示符来表征,而不必被象征符的概念所表征。如波兰学者奥莱克西(Mateusz Oleksy)所指出的那样,"在皮尔士事业的晚期,不可知个体的困境被这一理论缓解了:一个个体的此性(thisness),不同于其是性(whatness),它是某种我们可以指示,却

---

① CP 6.318.

不能描述的东西"①。就此而言,皮尔士通过符号的指示作用保留了通达个体独特性的方式。皮尔士坚持认为,个体有着绝对不可分性和单一性,普遍的概念并不能完全穿透它,因为它的此性只可指示,不可描述。个体属于指示符(sign)的领域,而不是象征符(symbol)的领域。从现象学的视角看,这种只可指示的此性表现为一种独立于任何规定性的蛮力或抗力。对皮尔士来说,普遍的概念(第三性)无法穿透个体性的存在(第二性),尽管概念可以凭借一种中介的方式连接不同的个体,但它永远也不能通过吞并或组合而成为一个个体。正是在此意义上,皮尔士指责黑格尔没能给予第二性(特殊性或个体)一个独立于第三性(普遍性或精神)的地位。

通过对第二性范畴的强调,相对于黑格尔的绝对观念论哲学来说,皮尔士的实用主义哲学似乎在有意地限制概念或理性本身的范围。一方面,尽管一切都是可知的,但并非一切都是通过概念得知的。另一方面,将现实个体与普遍概念等量齐观,这也让实用主义方法在被运用于概念分析之余,也能够被运用于更为重视经验性探究的活动,即皮尔士所提倡的科学探究之路。

皮尔士对黑格尔的批判之二:难以被规定的不确定性

对皮尔士来说,除了来自个体的顽强抵抗,概念或精神的自

---

① Mateusz W. Oleksy, *Realism and Individualism: Charles S. Peirce and the Threat of Modern Nominalism*, Philadelphia: John Benjamins, 2015, p. 50.

我发展还面临着诸种机会性。第一性范畴蕴含的绝对机会性或纯粹可能性使得概念的自我发展过程充满了不确定性。皮尔士对黑格尔忽视第一性的指责明显体现在他对黑格尔的自由概念的不满上。

黑格尔说道:"概念是自由的原则,是独立存在着的实体性的力量。概念又是一个全体,这全体中的每一环节都是构成概念的一个整体,而且被设定和概念有不可分离的统一性。所以概念在它的自身同一里是自在自为地规定了的东西。"①由此,黑格尔认为概念有着下述三个根本特征:(1) 概念发展完全是自身的辩证运动,遵循着自身的辩证逻辑;(2) 任何事物的生存与毁灭都是绝对自身发展的环节;(3) 概念绝对地包含一切。这些特征蕴含着黑格尔对自由的理解:"自在自为的规定"就是概念的自由原则。如果一个东西包含一切存有,在它之外别无他物,那么这样的一个东西难道会不自由吗? 从它不可能遭受任何阻碍来说,它当然是自由的。但是,这种自由又是被自身规定的,即被其自身发展所规定,任它无限发展,它还是它自己,它所能达到的最大的成就是自我同一。"自由正是在他物中即是在自己本身中、自己依赖自己、自己是自己的创造者。"②起点和终点早已被给定,如何克服弯折的途径只不过是一个时间的问题,或历史的问题。黑格尔的自由是自由的,同时也是必然的。早在黑格尔的同时代,谢

---

① 黑格尔:《小逻辑》,贺麟译,上海人民出版社2009年版,第302页。
② 黑格尔:《费希特与谢林哲学体系的差异》,宋祖良、程志民译,商务印书馆1994年版,第77页。

林就曾指出过,黑格尔的那种自由——自由即必然——不可能是真正的自由,概念的外化如果如此顺理成章(如此符合逻辑),那么这根本不是自由。①

对皮尔士来说,那个"纯零"(pure zero)不是那全然没有任何否定的东西,而是一种无限自由的状态,没有个体,没有主体与客体,也没有规律,更重要的是没有任何东西必然地被产生。② 这样一种状态是在逻辑之外的,也是在理性的辩证运动之外的。正因为如此,它才能为之后的概念的发展提供机会或可能性。从宇宙论的视角看,这样一种弥漫机会的领域也被皮尔士称为偶成论的领域。在皮尔士看来,黑格尔的逻辑尽管是一种包含内容的逻辑,但是究其本质仅是一种演绎的必然逻辑;相较之下,如我们将在4.1节具体阐明的那样,皮尔士理解的逻辑强调开放性和猜测性。逻辑的起点不是一个确定的命题,也不是一个自身就包含其结论的前提,而是一个假设或猜想。虽然猜想可以包含着某种逻辑形式,但其本身的存在却是在逻辑之外的,或者说在理性之外。与黑格尔一样,皮尔士也坚持这个世界是理性的,并且终将被理解;但与黑格尔不同的是,皮尔士认为这种理性的发展不是通过辩证逻辑达到的,而是通过经验的探究。在皮尔士的形而上学中,从起点来看,世界始于机会,其中充满了不确定性和机遇;从终点来看,世界朝向未来,其中充满了期待与希望。与黑格尔绝对精神的自我发展的图

---

① 参见王丁:《论晚期谢林"启示"概念的三重内涵》,载《同济大学学报(社会科学版)》2015年第5期,第1—12页。
② See CP 6.217-18.

景相比,皮尔士的探究逻辑显得更为开放和自由。

紧随皮尔士对自由和开放性的强调而来的是他对创造性的重视,而这体现了他的哲学与黑格尔哲学的另一点差别。黑格尔的绝对观念论强调统一性或同一性,其概念辩证法旨在从物自身的同一与差异来展现思维与事物的统一。辩证法的确为差异性和同一性提供了很好的统一方案,但是,在皮尔士看来,这一方案忽视了生产性或创造性。这种生产性不是通过正反运动就可以达成的,正反运动最终达到的不过是包含着差别的现实统一性,但这并没有带来真正新的东西,因为一切都不过是精神自身的自我认识过程。相较之下,在皮尔士看来,探索新事物仍是哲学的目标,哲学不仅要逻辑一致地理解整全,还要致力于拓展对整全的理解。符号实用主义赋予了符号以生长(growth)的特性:符号不停地谋求诠释进而更为丰富和准确地指向对象,诠释本身作为符号再寻求诠释,如此不断延伸。在这一过程中,"创造"便是最为核心的动力——任何对诠释的拓展都预示着新事物和新理解的诞生。我们将在第5章讨论符号活动(semiosis)时更为清晰地阐明这里的立场。

如果说黑格尔的绝对理念的自我发展遵循着一个必然的过程,那么皮尔士视角下的世界之发展就是一个由不确定性驱动的开放过程,该过程不仅受到现实个体的蛮力抵抗,机会性也参与其中。对于皮尔士而言,"绝对"绝非某种囿于逻辑(理性)囹圄的东西,相反,它积极诱导一切理性探索的发生,诱导我们迈入无限开放的探究过程。

小结

"现象"是我们据以理解世界乃至我们人类自身时所须直接面对的"一般在场之物"。对现象提出不同理解意味着以不同的方式阐述世界,甚而同时重塑人类思维的结构。在现象学的分析框架上,皮尔士拒斥了康德"本体—现象"的二分,进而将思维与实存的界限缝合起来的理论方案。用涂尔干(Émile Durkheim,1858—1917)的话说:"传统理性主义将思想和实存割裂开来。思想是内心中的;实存则是内心之外的。所以,这两种实在形式永远无法汇合在一起。根据假设,如果把思想置于实存之外,那么割裂两者的鸿沟是永远无法逾越的。要想解决这个难题,只有一个办法,就是拒不承认实存与思想之间的鸿沟。如果思想仅仅是实在的一个要素,如果思想是实存和生活的一部分,那么也就不存在所谓'认识论的罅隙'或'危险的跳跃'。我们必须发现这两种实在是如何相互渗透的。"① 皮尔士认为思维与实在互相渗透的方式是将范畴理解为整理和理解世界的方式,第一性、第二性及第三性的范畴呈现的世界亦是在思维中直接得到把握的世界。皮尔士在批判康德哲学时,滑向了黑格尔,但他的思想亦与黑格尔有别。皮尔士独特的现象学要求我们继而讨论如何把握现象,甚而获得知识。这将是接下来两章的任务。

---

① 涂尔干:《实用主义与社会学》,渠东译,梅非校,上海人民出版社2000年版,第30页。

4. 规范科学

皮尔士的现象学重塑了对世界的理解,我们也可借此进一步重塑认识论。然而,在具体发展出一种符号哲学认识论之前,我们可以对皮尔士关于规范科学的一般理解做出讨论。规范科学,在皮尔士看来,包括逻辑学、伦理学以及美学,是一种实证的规范科学,它们之间有着"家族相似性"[1]。如前所述,在皮尔士哲学中,较之于规范科学,现象学有着更为基础的位置,这是因为"现象学只告诉读者怎么去看他所将看到的东西,它涉及最基本的观察,属于不能引起任何真实怀疑的东西;而正是在这种意义上,由于逻辑学关涉到对于推理这一特殊现象的观察,因而现象学便担当起逻辑学由以出发的基础"[2]。规范科学旨在对日常的经验观察做出具有真值和价值负载的陈述,是对"应当之是"(what ought to be)的探究,而"应当之是"具体蕴含着引导人们行动的理想与目的,因而是对隐藏在行动之中现象与目的之间的法则关系的规范探究,在此意义上,规范科学是对现象规范维度的探究。[3]

就逻辑学、伦理学以及美学之间的关系而言,皮尔士认为逻辑学依存于(depends on)伦理学,伦理学依存于美学。我们认为,

---

[1] CP 2.156.
[2] 张留华:《皮尔士哲学的逻辑面向》,上海人民出版社2012年版,第86页。
[3] See CP 1.575, 5.120.

这里的"依存"关系不是指奠基关系,而是指"源于"。这种"源于"关系体现为,逻辑学本身不会提出我们为何应当以合乎逻辑的方式进行推理这一要求,这一要求"源于"伦理行动上的自控(self-control),进一步地说,伦理上自控的行为所要达成的最终目的是至善(*summum bonum*),这又进入了美学的领域。实际上,如波特(Vincent G. Potter)所言,"真与善有着根本的关联"[①],真与善的结合基础则源于至善。本章的4.1节将讨论逻辑学、伦理学以及美学均具有的规范性和实践性特征——这是它们具有家族相似性的原因所在——同时讨论它们之间的依存关系。

随后在4.2节中,我们将着眼于规范论题,讨论遵守规范的共同体何以是探究的基本单位,同时简单解释规范性的起源。我们将会认识到,在科学共同体内,遵守规范地对待彼此的伦理态度与探究世界的认知态度之间有着密切的关联,4.2.3节中将基于这一理解来讨论皮尔士的真理论,尝试将之阐释为一种"会聚-共识论的真理观"(Convergence and Consensus Theory of Truth,以下简称CCTT)。根据这种立场,共同体合乎规范求得的"共识"处真实地"会聚"着世界之所"是",即合乎规范的科学探究可以求得"真"。从规范科学的角度理解实用主义,将能够帮助我们理解皮尔士实用主义的独有特征。但关于皮尔士实用主义的讨论,我们留待6.1节专门进行。

---

① Vincent Potter, *Charles S. Peirce on Norms and Ideals*, New York: Fordham University Press, 1997, p. 38.

4.1 美学、伦理学和逻辑学的规范性和实证性

根据皮尔士自己的说法,他1883年才开始认识到伦理学的重要性,但直到1899年才正式确认伦理学是一门规范科学。在1894年左右,皮尔士开始确认逻辑学与伦理学有着密切关联。至于伦理学和美学,皮尔士坦率承认他对此的相关思考远没有他在逻辑学上的思考那般成熟。甚至在1903年的《哈佛实用主义讲座》中,皮尔士还仅是倾向于认为存在着美学这门规范科学,但对此尚不是十分确信。① 尽管如此,这不会阻碍我们透过对这三种实证的规范科学之间关系的理解来把握皮尔士哲学的整体面貌。

逻辑学、伦理学以及美学作为规范科学的规范性体现为,它们均与某种有目的(end)或目标的行动有关,与人们如何达成其目标有关,其中涉及推理活动(reasoning),而"规范科学就是探查从现象到目的这一过程中蕴含的法则关系的科学"②。逻辑学与求真之目的有关,伦理学与求善以及正确行为的标准有关,美学则与至善有关。③ 我们应当如何思维(的逻辑学问题),如何行动(的伦理学问题),如何回答在"不带任何努力时,会想要经历什么"④这一(美学的)问题,这些均是规范科学所需应对的。

---

① See EP 2: 200, CP 2.198, 5.111, 5.129; See also Vincent Potter, *Charles S. Peirce on Norms and Ideals*, New York: Fordham University Press, 1997, p. 52.
② CP 5.123.
③ See CP 5.121.
④ CP 2.199.

在这三类规范科学的关系上,逻辑学家知道如何进行正确的推理,但是正确推理的最终目的是什么,则需要伦理学家来界定;根据我们的"自控力",伦理学家知道最终的目的应该具有最广泛和普遍的适用性,但是对于这最广泛和普遍的目的具体是什么样的并无判断;而美学家的任务就是对这最终目的本身进行界定和描述。因此,美学的对象就是最终目的本身,也即最受推崇的物自身,其因自身而受推崇,无须任何进一步的理由。[1]

规范科学同时也是实证的科学,"实证的科学"在皮尔士那里指的是,帮助我们获得关于事物真实(real)知识的科学。

首先,皮尔士在一种十分宽泛的意义上理解实证科学,而非将之狭义地理解为物理学、化学、生物学这样的具体科学;哲学作为关于"那些不要求经过特殊训练或使用特殊仪器便能观察到的事实"[2]的科学,是一种关于共同经验的科学。其次,实证科学不同于数学,数学在皮尔士的定义中是对可能条件的探索,它仅基于任意的假设并提供形式上的辨明,而非对什么是真实的判断。[3]

规范科学的实证性也让我们明白皮尔士为何强调现象学是规范科学的基础(或预备性学科)。现象学仅是对"看似之物"的研习,它缺乏对显像的确定规定或表述,此时,我们便需要逻辑学登场,"它对似乎出现在现象之中的具有不同本质的诸成分进行

---

[1] See CP 1.611.

[2] Vincent Potter, *Charles S. Peirce on Norms and Ideals*, New York: Fordham University Press, 1997, p. 8.

[3] See EP 2: 372.

刻画。这一任务要求我们提出一种独特的思想,我们将发现这一思想类型在整个逻辑学研究中具有极大作用"①。现象学呈现的是对事物的基本观察,而逻辑学是对该观察的观察,我们进而获得关于事物的实证知识。从现象学的范畴来看,逻辑学是关于第三性的思维科学,伦理学是关于第二性的实践科学,美学则是关于第一性的、探究感觉属性的科学。

将逻辑学视为一种实证哲学,这意味着我们不能将皮尔士的逻辑学狭隘地理解为数理逻辑,逻辑学不是数学的一部分,因为它关乎我们所经验的现实世界,关乎我们如何在现实世界中做出正确推理,以及关乎推理的形式应当是什么的科学(what reasoning *ought to be*),而非考察推理的形式是什么的科学(what reasoning *is*)。② 皮尔士指出,如若我们无法控制自己如何推理,那么所谓的发展一种逻辑学,将是毫无意义的说法,"逻辑推理是一种审慎的思维活动(deliberate thinking),它使得行动遵从于某个目的或理想"③。在基于逻辑推理的行动中,行动的成功也因此意味着将世界纳入理性视野,成为我们所理解的现实世界,在此意义上,逻辑学有着认识论的价值。实际上,如张留华所言:

……(皮尔士把)数学工作与基本的认识论问题联系在一起:

---

① CP 2.197. 译文转引自张留华:《皮尔士哲学的逻辑面向》,上海人民出版社2012年版,第85页。
② See CP 2.3.
③ EP 2: 376.

他说,知觉判断"迫使我们接受而不给予任何理由。知觉判断的这种难以抗拒的强制性恰恰是构成数学证明效力之所在……确实,任何数学证明的困难恰好在于与知觉判断各方面都类似的一种判断,除了说它所涉及的不是强加于我们知觉之上的一种觉象(percept),而是我们想象力的创造物。"……或许,数学之所以能成为最抽象科学从而为所有其他科学提供理论支持,其中原因之一便是以觉象作为出发点。①

将数学也理解为一种实证科学,不仅意味着数学为知觉判断提供了有效的形式,也意味着皮尔士将数学理解为一种人类现实的理智活动,我们因此不必为数学提供任何先验保证,如我们下文将会论及的那样,数学家共同体亦是一种科学共同体,只要经过足够仔细地探查,我们便能允许数学的可错性,以及保障经由对错误的修正而达到唯一的结论。

皮尔士还区分了实践逻辑(logica utens)和理论逻辑(logica docens),前者体现了我们具有一种推理本能,因之我们无须进行系统性的学习便能做出非批判的、默会的(implicit)逻辑推理。②须注意的是,在皮尔士看来,本能或感性是演化的结果,它们体现了自然的理性。本能不是指个体的心理感觉,因为它源于我们解决问题的实践活动,是我们与宇宙交互活动的结果,也是我们对

---

① 张留华:《皮尔士哲学的逻辑面向》,上海人民出版社2012年版,第85页。引文略有改动。
② See CP 2.189, 2.204, 2.3 et al.

宇宙秩序进行反思的结果。在皮尔士看来,"所有的人类知识,包括最高层面上的科学,均发展自我们与生俱来的动物本能"①。我们的诸多推理(如4.2.2节将指出的那样,尤其是外展推理)都是基于本能的,②这体现了逻辑之"用"。不仅如此,相较于本能,理性(reason)并不优于本能,实际上,如德瓦尔所言,本能比理性更为精微,且更不容易包含错误,③错误更多是理性反思的结果,用皮尔士本人的话说,"理性要比本能千倍地更易犯错"④。然而,逻辑仅有其"用"还不够,我们还需对推理的过程和方法本身进行研究,从而形成一种明述的(formulated)、科学的、批判的逻辑,由此获得逻辑之"理"。⑤ 只有"理""用"结合,逻辑学才是完整的。

逻辑的用处体现了对自然的自控性。自控有着认知的属性,"逻辑的用处体现于自控之中,逻辑在自控的认知开始时便有了好、坏之别。单就那些先于这一区别便已经存在的对象而言,如果一定要分配给它好、坏之属性的话,那么必须将它视为好的。因为,就它而言,它本身没有任何错误,我们必须依其自身来理解它。善(goodness)是一种苍白的属性,是恶(badness)的缺乏。在亚当和夏娃吃下善恶知识之树上的果实之前,他们是无辜的"⑥。可以说,逻辑的用处在于敞开世界,而逻辑的学说则旨在将敞开

---

① CP 2.754.
② See CP 1.623.
③ See Cornelis de Waal, *Peirce: A Guide for the Perplexed*, London and New York: Bloomsbury, 2013, p. 55.
④ CP 1.657.
⑤ See CP 2.186ff., 2.204.
⑥ EP 2: 190–191.

的世界以更为清晰的方式呈现于我们的理性视野中,此中清晰的呈现既带给我们真理,也蕴生了错误。

逻辑学"用"的维度包含了实践的可错性,"理"的维度包含了求真之业,逻辑的真与可错性因此是兼容的,这里进一步的根据则在于,逻辑学依存于或源于伦理学。皮尔士反对心理主义(包括情感主义)的逻辑观,即根据我们心理蒙受的某种必然性的直接感觉(the immediate feeling of necessity)来理解逻辑,①而认为应该在"应当"的规范层次上来理解逻辑学。如上所言,"逻辑推理是一种审慎的思维活动",而"思维活动"(thinking)也是行动的一种形式,这种说法使得逻辑学和伦理学有关,伦理学恰是一种"关于自控的或审慎的行动的理论"②。逻辑学可被视为伦理学的子学科:伦理学是对所有自控的行动的研究,逻辑学研究的仅是行动的形式。因为"推理是一种有意识的、可自控的思想活动,这种活动其实就是人的一种自觉的行动过程,而正如任何有意的行动者都要对行动后果负责一样,推理者也要对推理过程负责,并因而可被评价为好坏、对错。简单来说,逻辑上的好坏、对错乃道德上好坏、对错的一种特例,因此逻辑学需要从伦理学中获得指导"。③

伦理学亦有着实证性,我们可以从皮尔士对道德(morality)和伦理(ethics)的区分中看清这一点。根据皮尔士的界定,道德

---

① See CP 2.209.
② CP 1.191.
③ See CP 2.199.

4. 规范科学

指常识的集合,它体现为民风、社会习俗等,这些常识中隐藏着推理上的问题。① 伦理学则更具科学的探究精神,能够对既有的风俗、规范进行开放式的探究,审定其真、假,而后进行修正。② 皮尔士如是批判道德推理中的问题:

> 当人们开始合理化其行为时,第一个效果便是沉浸在自己的激情中并产生最可怕的道德败坏,这尤其体现在性的问题上。因此,在希腊人中,这带来了鸡奸以及更为看重妓女而非自己妻子的问题。但最终,灵魂的潜意识部分变得强大,重新占据主导位置,并坚持纠正问题。而后,人们告诫自己,须通过理性来规范自己的行为。于是,他们学会向前看,看看在接受一种方法之前,基于该方法会导致什么结论。简言之,人们不再基于推理来确定结论,而是用结论来确定应该如何推理——这是虚假的推理。③

道德推理上的问题在于,既有的规范会为人们提供现成的结论,人们据以合理化其行为根据,从而会首先诉诸规范来确定推理是什么,但这只不过是在为既有的行为寻找理由,而不会从批判的视角对既有的行为与规范做出审量。相比之下,伦理学基于的是我们的道德情感(moral sentiments)。当遇彰显人间真情之事,我们会欣然而笑;当遇不平之事,我们会怒发冲冠,喜怒之情有着德

---

① See CP 1.654.
② See CP 1.5.
③ CP 1.57.

性的意味,它们会促使我们对既有的行为和规范进行再度审量,而这进一步的审量工作便是伦理学的志业。

伦理学关注"我们的努力应该指向什么目的"这一问题,其思考由现实的行动促发,行动的"自控"性要求显然要比合乎逻辑的"自控"要求更低。美学则关注"不带任何努力,我们会想要经历什么样的东西"这一问题,它是一门关于"感性美"(sensuous beauty)的学科,而"美"则被理解为一种感觉的属性。① 我们需要及时澄清的是:

(1) 皮尔士认为任何具体的属性都有理由的支持(with reason);②

(2) 感觉到愉悦或美,这不仅是一种感觉,还体现着使得宇宙合理化的目的;③

(3) 美的感觉所呈现的属性是一种不可被进一步分析的整体,它体现着宇宙造物的理性(reasonableness);④

(4) 基于(2)和(3),审美经验连通的是宇宙理性和个体感觉,因此(1)。

不涉及任何动机的审美经验是关于宇宙运行之道的直接体悟,例

---

① See CP 2.199.
② See CP 1.612.
③ See CP 1.590.
④ See Cornelis de Waal, *Peirce: A Guide for the Perplexed*, London and New York: Bloomsbury, 2013, p. 53.

如,"我认为,坏的诗歌是假的;但没有什么比真的诗歌更真了""宇宙做出的论证必然是一部伟大的作品,一首伟大的诗歌"①,这些表述意味着伦理学对至善的寻求须从美学对大道之美的体悟中寻求根据,于是,伦理学依存于美学;也意味着美学本身依存于现象学,因为对现象的研究亦不涉及任何动机,于是,逻辑学、伦理学以及美学均建基于现象学。

美学也有其实证的一面,即审美理想是对宇宙理性的表达,而审美的理想继而构成了伦理学和逻辑学所需进一步实现的目标。如德瓦尔所言:

> 总之,对于皮尔士来说,审美理想是一种关于整体的直接的、简单的、积极的(实证的,positive)品质,无论它与我们可能追求的任何东西有何关系,或者我们对此有何感受。皮尔士最终认同这是对造物中的合理性的完全表达。一旦我们发现了自身的审美理想,皮尔士就继续以康德的方式说:它引出了一种范畴命令或无条件的意识的要求,以宣布支持或反对它(CP 5.133)。这就把我们带往伦理学,其目的是研究这个理想在行动中是如何实现的;然后是逻辑学,它研究如何在表象某物的具体行动中实现这个理想。②

逻辑学、伦理学及美学是对现象中呈现的宇宙之道一以贯之的表

---

① EP 2: 193, 194.
② Cornelis de Waal, *Peirce: A Guide for the Perplexed*, London and New York: Bloomsbury, 2013, p. 53.

达，皮尔士指出："美学、实践科学（Practics）以及逻辑学构成了一个独特的整体，一个阐释学中独立的部门科学；它们彼此间是否有确切的划界，这是一个非常次要的问题。然而，清楚的是，美学与感觉有关，实践科学探究行动，逻辑学则探究思维。"[①]逻辑学、伦理学以及美学实际上下承宇宙，上承思维，一道为我们提供了关于这个世界的阐释。

本节的讨论帮助我们理解它们为何既是科学，亦是实证的，还具有规范性。下一节中我们将具体阐明在对宇宙进行的科学探究中，共同体为何是基本的探究单位，规范性为何是探究的基本要求，以及规范的探究事业何以可能获得真理等问题。

4.2 科学共同体的规范求真之事业

"规范性"如今是一个热点论题，其周边围绕着诸多难题，诸如规范的起源，个体何以与他者一道构筑共同体、从而成为遵守规范的一个主体，以及我们为何必然以合乎规范的方式行动？我们将会看到，隐于这些难题背后的症结部分在于个体与共同体的分裂，以及"是"与"应当"的分裂。皮尔士回答这些问题的一个轴向思路是，将共同体而非个体视为科学探究的基本单位，从而个体的有效行动必然意味着能够成功地为他者所把握，进而构建起普遍的理解。这既意味着探究世界的科学活动本质上是一项

---

① EP 2: 378.

主体间共同协作的事业,也意味着遵守规范是对个体的一项初始要求。简言之,科学的求真之事本质上是一种合乎规范的事业。合乎规范以求真,皮尔士的这种理解在弥合个体与共同体的分裂以及"是"与"应当"的分裂的同时,也为我们带来了一种独特的科学世界观,或称科学哲学。

在本小节中,我们首先讨论皮尔士的"推理的无界性"立场,以此消解"是"与"应当"的分裂,继而阐明遵守规范的共同体何以是探究的基本单位,同时简单解释规范性的起源。我们将会认识到,在科学共同体内,我们遵守规范地对待彼此的伦理态度与探究世界的认知态度之间有着密切的关联,最后,我们将基于这一理解来讨论皮尔士的真理论,尝试将之阐释为一种"会聚-共识论的真理观"(CCTT)。

4.2.1 推理的无界性

我们一般将直接应对世界的个体视为探究的基本单位,个体在其涉身世界的活动中,"身"有"感"而"心"成"形":身体构成了架连世界和心灵的甬道,感觉中渗透着源于世界自身布局的印记而在心灵中促成了可理解的形式。然而,个体探究的结果终须经过共同体的审核方能成为科学的发现,这便带来了两个问题。第一个问题是个体与他者的关系:个体如何向他人传达自己的理解,甚而将个体的偶然成就拔升至普遍科学发现的高度。这里也涉及个体与他者间的规范关系问题,个体的认知成就须以合乎规范的方式行动方能为他者所理解和承认。第二个问题是,无论是个体的偶然语汇,抑或共同体的科学语汇——尽管科学主义者们竭力声称,科学做出了对现实基础的最终描述——终究仅是在间接地表达我们对世界的"理解"而非直接描述,世界之所"是"实际上是在"应当"的阐释层次上得到刻画的,世界本身从未被真正触及。

前述两个问题结合在一处可引出一个值得注意却常为人们忽视的问题,即从"应当"的视角看,科学共同体内成员间的规范关系切实影响着对世界的理解。一个相关的激进后果体现在罗蒂的立场上。罗蒂认为,科学探究总是透过"属人"的"范式"滤镜进行的,[①]用普莱斯的话说,科学语汇因此仅是一种主观语汇。[②]他甚而认为,科学体现的不是对某种永恒不变之物的探索,而是科学共同体内成员协同和团结的结果。[③] 在类似的意义上,费耶阿本德也指出,"好的科学是艺术或人文,不是指教科书意义上的科学"[④]。

于是,根据罗蒂和费耶阿本德等人的理解,科学不再是一项求真之事业,而是甚至成为对世界的修辞。就此而言,外部世界被弃置一旁,"世界"被重新构建为由语言表述的事实之总和。在

---

① 参见库恩:《科学革命的结构》,金吾伦、胡新和译,北京大学出版社 2012 年版,第 30、35、65、88、94 页等处。
② See Huw Price, *Naturalism Without Mirrors*, Oxford: Oxford University Press, 2011, p. 186.
③ 参见罗蒂:《偶然、反讽与团结》,徐文瑞译,商务印书馆 2003 年版,第 20—21 页;孙伟平编:《罗蒂文选》,孙伟平等译,社会科学文献出版社 2007 年版,第 114 页。
④ 费耶阿本德:《告别理性》,陈健、柯哲、曹妍译,江苏人民出版社 2021 年版,第 308 页。

4. 规范科学

我们看来,这一"恶果"的症结在于,**我们分立地看待个体与共同体,并在"应当"的规范阐释和"是"的事实描述这两个层面之间设置了一道需要跨越的界限**,而跨越这道界限一直被视为科学的独特之处与崇高目标。实际上,皮尔士认为,根本不存在这道界限,我们亦不是分立地探究世界,对世界的有效表达始终是在共同体的理解范围内进行的。

皮尔士强调道,所有的心理过程都涉及推理(inferential)过程,当心灵遭受来自外部事物施加的"蛮力"而接受到某些材料时,我们便已经开始做出外展推理了,这种推理的重要作用在于,带来认知,即做出假设以便解释现象。紧随而来的两个问题:(1)如若推理过程是一路向下的,触及了对世界最为初始的把握,从而"推理是无界"的,那么皮尔士如何避开罗蒂式的责难?毕竟此时世界披着推理或概念性的外衣;(2)外展推理如何能够回答问题(1)?

关于问题(1),"推理的无界性"这种说法容易让人想到麦克道威尔(John McDowell)所说的"思维无边界"①。在麦克道威尔

---

① 参见麦克道威尔:《心灵与世界》,韩林合译,中国人民大学出版社2014年版,第66页。需要强调的是,切勿把"推理的无界性"这种说法理解为,使用成熟的语词或语言做出的推理的无界性,进而认为皮尔士早就开启了美国哲学在20世纪50年代进行的"语言转向",甚而认为布兰顿(Robert Brandom)哲学与皮尔士哲学有着共通之处。皮尔士所谓的推理单元是"符号",绝不能把"符号"理解为概念。对皮尔士立场的误读可能源于罗蒂的下述评述:"皮尔士从亚历山大·贝恩的作为行动习惯规则的信念出发开创了实用主义。皮尔士主张,探索的功能不在于再现实在,而在于使我们能够更有效地行动。这意味着抛弃自笛卡儿以来一直居于哲学主导地位的'复制理论(copy theory)',尤其是要抛弃直观自我认知的观念,不以符号为中介的知识观念。作为三位最早的实用主义哲学家之一,当他说运用符号能 (转下页)

那里，将世界纳入理性视野的经验活动同时运作着感·性·接·受·性·（sensory receptivity）和理·性·自·发·性·（rational spontaneity），从而我们不是纯粹地沉思这个世界，而是切实地投入世界，在心灵与世界的"共谋"中，使得世界在我们的理解中直接涌现。皮尔士反对二元论的思维范式——"我非常不满用两种范畴秩序来做描述"，"行动和反应是相等的"，"我们对将会发生之事做出推理，并且我们感觉到已经发生了什么。我们首先做出推理，一旦做出推理，我们便会把目光投向感觉，而后察觉到满足的感觉"。① 对世界的感性触摸和理性表达是同时进行的，皮尔士曾说过一句十分有麦克道威尔思想况味的话："只要自然过程是可理解的，那么自然的过程就等同于理性的过程，存在的法则和思想的法则就必须实际上被视为同一个法则。"② 皮尔士与麦克道威尔的思想相同之处还体现在，皮尔士认为觉知中做出的知觉判断是不受我们控制的，它相应于麦克道威尔所谓的感性接受性的一面，但"自然中运作着第三性"，事物的存在必然以可理解的方式被理性捕捉到，从而能够在符号活动中呈现自身，这相应于麦克道威尔所谓的理性自发性的一面。③ 如此一来，如德瓦尔所言："对于皮尔士而言，事物

（接上页）力对于思维来说是至关重要的时候，皮尔士便成了古斯塔夫·贝格曼所谓'哲学的语言学转向（the linguistic turn in philosophy）'的预言家。"（参见罗蒂：《后形而上学希望》，张国清译，上海译文出版社2009年版，第74页。）我们将在5.3节中展开进一步的讨论。

① EP 2: 148, 150, 169.
② MS [R]: 956.
③ See EP 2: 191, 181.

的存在方式……是我们的思维由此受到限制的方式。"①世界是由对我们而言有效的事态构成的,就此而言,思维或推理是无界的,在思维或推理触及的范围之外,不存在一个提供因果力量的康德式的物自身。皮尔士和麦克道威尔思想上的这一亲缘性源于他们对黑格尔哲学的共同继承,这使得他们的思想均有着客观观念论的色彩。② 然而,皮尔士的思想更有着宇宙论的支撑,我们可以从接下来对问题(2)的回答中厘清这一点。对此问题的回答也将帮助我们看到,皮尔士观念论的轻纱下的确遮蔽着自然的胴体。

关于问题(2),我们必须认识到,外展推理是旨在为某个假设提供理由(reasons towards a hypothesis)的推理,而非基于某个假设做出的推理(reasoning from a hypothesis),后者是归纳推理。演绎、归纳以及假设(溯因)的推理形式如下:③

演绎推理: 规则— 从这个袋子中取出的所有豆子都是白色的

实例— 这些豆子取自这个袋子

∴ 结果— 这些豆子是白色的

归纳推理: 实例— 这些豆子取自这个袋子

结果— 这些豆子是白色的

---

① Cornelis de Waal, "Who's Afraid of C. S. Peirce", in *The Normative Thought of Charles S. Peirce*, Cornelis De Waal and Krzysztof Piotr Skowroński (Eds.), New York: Fordham University Press, 2012, p. 90.
② 参见程都:《披着黑格尔外衣的皮尔士:实用主义内涵之探析》,载《浙江学刊》2022年第1期,第173—181页。
③ See CP 2.623.

∴ 规则——　从这个袋子中取出的所有豆子都是白色的

假设：　　规则——　从这个袋子中取出的所有豆子都是白色的

结果——　这些豆子是白色的

∴ 实例——　这些豆子取自这个袋子

范恩(K. T. Fann)强调道："自然科学家们的探究并不从假设出发，而是从材料出发。皮尔士的外展推理关注的是从材料到提出假设的推理过程。"①因此，外展推理是一种将外部感性材料直接纳入内部理性视野的扩展性的、综合的推理。相较于归纳和演绎的推理方式，皮尔士指出，外展推理的独特性体现在，"外展推理是形成具有解释性的假设的过程。这里涉及的唯一逻辑上的操作是引入新的想法，而归纳则只会确定一个值，演绎则仅讨论从某个纯粹的假设推出必然的后果"②。张留华解释道："演绎逻辑证明(prove)某一物一定是(must be)什么；归纳逻辑显示出(show)某物事实上是(actually is)可行的；外展逻辑仅仅暗示(suggest)某物可能是(may be)什么。"③就此而言，外展推理是一种生产关于世界理解的推理形式。

如若外展推理确然能够阐明其旨趣，那么皮尔士的客观观念论将能触及外部世界。然而，进一步的问题在于，我们无法基于任何现有的理解来做出推理，否则仅是在做出归纳，我们提出假

---

① K.T. Fann, *Peirce's Theory of Abduction*, Singapore: Partridge, 2020, p. 5.
② CP 5.171.
③ 张留华：《皮尔士哲学的逻辑面向》，上海人民出版社2012年版，第55页。

设的依据是什么？皮尔士指出，"提出假设"体现着我们猜测性的本能(guessing instinct)。① 我们在4.1节中已经指出，本能不是指个体的心理感觉，而是源于我们解决问题的实践活动，是我们与宇宙交互活动的结果，是我们对宇宙秩序进行反思的结果。本能比理性更为精微，且更不容易包含错误，错误更多是理性反思的结果。

进一步地说，我们具备这种本能，有两点原因：(1)从生物学的本能意义上而言，皮尔士认同达尔文的生物演化论(或拉马克的版本)。面对各类现象，人类能够"猜对"的能力本身也来自长期与自然界交互的演化进程，这种本能与其他动物演化出飞翔或潜水的本能没有根本的区别，都是在时间长河中被保留并强化的对生存目的而言起到作用的本能。例如皮尔士会说："我们的猜测能力对应于鸟类的音乐和航空能力；也就是说，猜测能力对我们来说，就像音乐和航空能力对鸟类来说一样，是我们仅凭本能的最高能力。"②简言之，这是对自然界环境本身的一种适应性本能。因为我们要适应的对象就是自然，那么基于此所演化出来的能力(认知)也必然是对自然本身(规律)的一定模仿或习得。这就是为什么我们具有"猜测"(猜对)的本能。(2)从宇宙论的意义上看，皮尔士的连续论主张物理的宇宙同时也是精神的宇宙，"自然的过程和思维的过程是同一个过程"③，或者说，"自然的过

---

① See CP 1.630, 5.181, 7.219 et al.
② CP 7.39.
③ W 8：17.

程和理性的过程是同一个过程"①。也即在自然界中运行的规律与在生命和心智中运行的规律是连续的、一致的。这是皮尔士的演化论与达尔文演化论不同的地方,后者将这种适应性本能归结为一种偶然的结果(随机变异),而皮尔士的连续论则认为自然规律与认识规律并不是偶然一致的,而是从根本上同一的。这种连续的一元论立场也让我们的猜测本能在本体论上得到支持。

基于上述讨论,我们认识到,推理尽管无边界,但不会因此陷入罗蒂式的立场。推理的无界性亦意味着"是"与"应当"之间界限的消除,但在这种人类心灵直接反映自然法则的探究活动中,共同体何以必然入场,甚而成为科学探究的基本单位,是我们接着需要讨论的问题。

4.2.2 作为科学探究基本单位的共同体

皮尔士曾直言:"除了作为个体存在之外,人属(*genus homo*)是否还有其他存在方式,这一问题询问的是,是否有比个体的幸福、愿望、生活更具尊严、价值、重要性的东西……人确实有共同(common)之处,从而共同体(community)会成为自身的目的。"②**作为共同体的一员是个体更为重要的存在方式**,如雷东多(Ignacio Redondo)所言:"在皮尔士的哲学图景中,科学本质上是一项共同协作的事业,这反过来预设了存在对话和交流

---

① CP 6.581.
② W2: 487.

(communication)的无限共同体。"[1] 人存于世间的探究始于偶然，终于必然，始于个体，终于共同体，对必然性的追求同时推动了共同体的无限演进。本部分在阐释共同体为何成为科学探究的基本单位时，也将表明主体间的规范关系直接导源于对世界的科学探究活动，根本而言，主体间的伦理关系和对世界的认知关系构成了两个互相制约的轴向。这一理解也为 4.2.3 节将要阐明的 CCTT 奠定了学理基础。

共同体的出现是理性探究的必然结果。哈克指出，在皮尔士那里，理性的第一原理是，面对充满偶然性的环境，我们"渴求学习真相"(desire to learn the truth)。[2] 在我们看来，"渴求"至少有着下述两点特征：(1) 它是一种基本的动机，我们无法对之做出批判性的反思进而衡定它的真假；(2) 它不单是生理性的欲求或心理感受，更为重要的是，它带来了行动上的成功(success)，从而理性生物基于对世界的有效理解而生存下来。博格曼(Mats Bergman)澄清道："可以将理性的第一原则理解为一种道德信条：要求赋予人类的自然倾向以一个特许位置，它可以引导人类行为。然而，将'渴求'视为一种伦理原则，也有一定的误导性，因为在皮尔士的叙事中，它是最基本的人类特征，我们无法对之做出

---

[1] Ignacio Redondo, "The Normativity of Communication", in *The Normative Thought of Charles S. Peirce*, Cornelis De Waal and Krzysztof Piotr Skowroński (Eds.), New York: Fordham University Press, 2012, p. 224.

[2] See Susan Haack, "The First Rule of Reason", in *The Rule of Reason: The Philosophy of Charles Sanders Peirce*, J. Brunning and P. Foster (Eds.), Toronto: University of Toronto Press, 2016, pp. 241–261.

批判性的反思。在此意义上,'渴求'超脱于理智的审量,内嵌于探究的实践活动之中。"①可以看出,"渴求"的伦理性的一面在于,它是对人类而不仅是个体的一项普遍要求,在此意义上,第一原理中对真相的渴求是一种社会活动,"交流"因此是科学探究的题中之义。"渴求"的非伦理性的一面则在于,它仅可能是我们与"生"具有的特征,我们因之"生生"不息;弃之,我们不可能在世。

为了探寻真相,皮尔士提出了理性的第二原理,即"不要阻塞探究的道路"。探究是一种"消除怀疑,旨在获得确定信念"的努力,信念会指导我们的渴求,塑造我们的行动。② 皮尔士指出,我们不能固执己见,不能诉诸权威,亦不能诉诸先验法则来确定现实的信念,确定信念的唯一方式是诉诸科学的探究。科学的探究方法意味着"有实在之物,其特点完全独立于我们关于它们的意见;那些实在性按照固有规律影响我们的感官,而且,尽管我们的感觉如同我们与对象的关系一样千差万别,然而,通过对感知规律的运用,我们就可以借助推理而确定事物实际上如何,而任何人,假如对此有充分经验与足够理性的话,就会得出一个真实的结论"③。德瓦尔指出,就此而言,"科学的方法旨在同时阐明经

---

① Mats Bergman, *Peirce's Philosophy of Communication: The Rhetorical Underpinnings of the Theory of Signs*, London: Continuum, 2009, p. 10.
② 参见皮尔士:《皮尔士论符号》,胡普斯编,徐鹏译,上海译文出版社2016年版,第191页。
③ 皮尔士:《皮尔士论符号》,胡普斯编,徐鹏译,上海译文出版社2016年版,第198页。

验以及他者信念的影响"①。从经验的一面看,科学探究诉诸溯因、归纳和演绎的推理方式推知事物实际之所是,而我们同时须考量他者的信念,以便在千差万别的关系中得出充足的理据,共同获得一个真实的结论,即共同求真。从而,在科学的探究活动中,认知世界以求真和善待彼此以成规范的共同体是直接相辅相成的。

紧随第二原理而来的第三原理是我们熟知的实用主义准则,"试考察我们所设想的概念的对象有哪些可想见的实践效果。那么,此类效果的概念,就是这一对象的整个概念"②。探究的实践效果是,信念的确立和行动习惯的养成。此时的信念和行动不单是个体性的,它们有着共同体层面上的普遍有效性,关于对象的概念中则蕴含着对事物以及法则的普遍理解。实际上,皮尔士在非常宽泛的意义上使用"习惯"一词,它泛指一切事物的重复已经发生过的活动模式的倾向。③ 事物的重复发生的"习惯"蕴涵法则,能动者行动的重复发生的"习惯"蕴涵规范,而能动者亦是宇宙中的一员,故此,我们的习惯既受到外部力量(如事物及其遵循的法则)制约,也体现了在探究活动中主体间考量彼此信念得出的一个规范结果:为了达到那个共同的真理或目的,我们均应当

---

① Cornelis de Waal, *Peirce: A Guide for the Perplexed*, London & New York: Bloomsbury, 2013, p. 99.
② 皮尔士:《皮尔士论符号》,胡普斯编,徐鹏译,上海译文出版社 2016 年版,第 191 页,第 214—215 页。
③ See CP 1.409.

如此行动。不同于流俗的误解,皮尔士的实用主义是一种严肃的、规范的科学方法。

理性的三个原理表明共同体为何必然出现:在渴求学习关于世界的真相的活动中,我们一道以科学探究的方式呈现世界,世界仅能在共同体探究的范围内得到有效把握。此外,这三个原理同时阐明了涉身世界的实践活动中触及的世界之所"是",必然能够在理论阐释层面上对世界之"应当"加以确切刻画,并且此刻画活动亦是个体成为共同体内的一个主体的过程,前述的"应当"因此有着我们如何对待彼此的规范性意味。

首先,就理论与实践的关系而言,皮尔士相信怀疑与信念均有着积极的意义:怀疑引发实践上的探究,确立的信念带来习惯性的行动,习惯中包含着理论化的规则,当习惯遭遇新的机会而引发怀疑,新一轮的探究活动便会继而展开,修改我们的信念和对规则的理解。实践和理论显然是直接相连且互相成就的,它们仅有程度上的差别而无实质的割裂。然而,皮尔士在《推理及万物逻辑:皮尔士1898年剑桥讲坛系列演讲》一书中似乎将理论和实践理解为两种分离的生活模式,"现在,有'理论'与'实践'两位主人,你不用同时侍奉它们"[①]。我们在此赞成博格曼的阐释,认为皮尔士实际上想要反对的是将理性思辨和实践活动严格分离开的传统观点,因为实践活动仅提供交由理性分析的感性材

---

① 皮尔士:《推理及万物逻辑:皮尔士1898年剑桥讲坛系列演讲》,张留华译,复旦大学出版社2020年版,第130页。

料,①而皮尔士想要凸显的是科学探究活动的连续性,在此活动之中,习惯、信念、知识乃至本能和理性,均是连续发展而成的。②

其次,人际的规范关系亦是科学探究的必然结果,皮尔士不仅认为人有着成为共同体一员的情感追求,③更为重要的是,"个体的人,一旦脱离其同伴,脱离他以及他的同伴之所为(to be),其独立的存在仅会体现无知和错误,成为一种否定性的存在。这就是人性,'……骄傲的人,往往无知于自己最为确信之事,他有透明而脆弱(glassy)的本质'"④。我们确信自我无法脱离他者而存在,却又往往易沉溺于自我的个性和能力,终因这种骄傲而显得无知。尊重他者的信念,与他者一道进入科学的探究活动,从而塑造科学的共同体,成为其中一员,这是"学以成人"的题中之义。人际的规范关系也恰因此而生,这里我们无须诉诸任何先验论证便能理解规范性的起源:规范性起源于对世界的共同探究活动;它既源于也保障了人与世界之间的认知关系,以及人与人之间的伦理关系。

最后,结合前两点,在理论与实践的互促过程中,"……所有的兴趣都不应该受到限制。它们不应该止于我们自身的命运,而必须拥抱整个共同体。同时,这个共同体也不应该受到限制,而

---

① See CP 1.50.
② See Mats Bergman, *Peirce's Philosophy of Communication: The Rhetorical Underpinnings of the Theory of Signs*, London: Continuum, 2009, pp. 17-18.
③ See CP 8.101.
④ CP 5.317.

必须拥抱我们与之有着直接或间接理智关联的所有人类。有些模糊地说,共同体的范围应该超出地缘的限制,超越所有的边界……逻辑植根于社会规则"①。从区域上说,共同体是无界的,不仅如此,从时间上说,共同体也会在时间中发展为理想的共同体,而这种共同体的"最终意见"最终确定了实在之所是,②届时,我们也将获得完备的真理。

总结而言,皮尔士曾指出,"我们将历史上曾发生过的影响人之信念的一切叫作经验","经验仅仅意味着我们生命的历史向我们施加的具有认知本性的东西","经验体现着生命的进程。世界就是经验向我们灌输的一切"。③ 我们在遵守规范的科学探究活动中吸纳经验向我们的反复灌溉,将世界纳入理性视野,最终获得真理。李斯卡指出,对真理之爱既促使个体将自身视为共同体内的一员,也促使个体将自身的兴趣视为一种探究普遍的万物秩序的共同体的兴趣,由此我们必须一道进行探究,形成集体的利他主义(collective altruism),科学的共同体必然同时也是伦理的共同体。④ 然而,人们对皮尔士真理论的理解充满歧见,这体现了对皮尔士立场本身的怀疑。我们最后讨论皮尔士的真理论以便进一步阐释皮尔士的思想。

---

① CP 2.654.
② See CP 5.136.
③ MS [R] 408, CP 5.539, 1.426.
④ See James Liszka, *Charles Peirce on Ethics, Esthetics and the Normative Science*, New York and London: Routledge, 2021, p. 10, pp. 19-20.

4.2.3 会聚-共识论的真理观

关于皮尔士的真理论,有许多阐释版本,其中主要的版本有符合论、聚合论、先验论以及希望论。符合论认为,"真"须根据表象与其所表象之物的关系来理解,这一立场直接源于皮尔士的表述:That truth is the correspondence of a representation with its object is。① 米萨克反对符合论的阐释,指出皮尔士从未承诺存在外在于思维范围的物自身,故而他不可能认为"真"体现了思维和事物的符合关系。② 上文的讨论支持米萨克的立场,但实际上,我们无须认真对待符合论,因为紧随着前述表述,皮尔士说道:"如康德所言,这只不过是一种有名无实的定义。"③在接下来的阐释中,皮尔士实际上从符号哲学角度来阐明"真",将它视为符号三元结构中的表象载体(representamen)与对象(object)这两个位素之间的"符合"关系。这里涉及皮尔士的符号哲学,我们将在第5章中专门讨论,在此我们仅需认识到符合论的阐释是一种十足的误解。

聚合论也有其文本依据,如皮尔士指出,"经过所有人的探究而最终均获同意的意见就是我们所谓的真理,而该意见中所再现的对象便是实在"④。聚合论体现了皮尔士对探究的个体和共同体作用的强调。然而,聚合论忽略了科学的探究活动是受到自然

---

① EP 2:379.
② See Cheryl Misak, *Truth and the End of Inquiry: A Peircean Gccount of Truth*, Oxford: Clarendon Press, 2004, p. 38.
③ EP 2:379.
④ W3:273.

法则制约的，我们不能仅强调意见的聚合性。此外，先验论者提供了反对聚合论的另一个理由。在皮尔士早期的表述中，他认为只要经过足够长时间的探究和努力，我们将会抵达真理（will be reached），①而在后期的表述中，皮尔士用虚拟将来时的表述"would be"来表示"将要"，②在先验论者看来，虚拟的意思是，真理仅能作为一种先验的设定或存在，它引导着探究的方向，但在现实的探究活动中，我们永远无法抵达真理，会聚的意见因此仅能是意见。赖特（Crispin Wright, 1942— ）、布莱克本（Simon Blackburn, 1944— ）等人所反驳的皮尔士的真理观恰是将"真"视为一种理想状态的先验真理观，③阿尔梅德（Robert Almeder）也在此意义上认为皮尔士对"真"做出了先验论证。④ 希望论则是弱化的先验论，持这种立场的博格曼认为，"will be"是一种现实状态，"would be"是一种理想状态，后者中寓居着法则或习惯，科学的探究活动的确是在渴求真相，真理体现了一种引导探究活动的希望。⑤

我们认为，基于前文的讨论，我们可以获得一种更为合宜的

---

① See W2: 353, 469, W3: 79, 273.
② See MS [R] 655, EP 2: 457.
③ See Crispin Wright, *Truth and Objectivity*, Cambridge, MA: Harvard University Press, 1992, p. 45; See also Simon Blackburn, *Essays in Quasi-realism*, Oxford: Oxford University Press, 1993, p. 5.
④ See Almeder, Robert. "Peirce's Thirteen Theories of Truth." *Transactions of the Charles S. Peirce Society* 21.1 (1985): 86.
⑤ See Mats Bergman, *Peirce's Philosophy of Communication: The Rhetorical Underpinnings of the Theory of Signs*, London: Continuum, 2009, p. 27.

真理观,即"会聚-共识论的真理观"(CCTT)。CCTT 与奥莱克西所辩护的"聚合论+工具论"的真理观①类似,认为真理是主体涉身世界的认知性的实践探究和主体间的公共话语表达的共同结果,这意味着意见的聚合须受到外部世界的制衡(从而,聚合论是错的),也意味着有效的世界直接在共同体的探究中被建立起来(从而,符合论是错的)。

关于先验论的真理观,如胡克威所言,"幸运的是,皮尔士式的真理不是皮尔士的观点"②。因为赖特等人视野下的先验论的真理观与皮尔士哲学根本不相容。如若存在形而上的终极真理,那么我们将很难理解皮尔士何以同样承诺了可错论(fallibilism)这一立场,"可错论是这样的一种学说:我们的知识从不是绝对的,而总是遨游在由不明确性和不确定性(uncertainty and indeterminacy)构成的连续统的海洋中","因此,宇宙不仅仅是盲目地遵循法则运行的机械结果……正是所有经验的事实向我们展示了这样的宇宙。但是,让我们看到这些事实的是可错论原则"③。3.1 节中的讨论也帮助我们认识到,对逻辑真的追求与实践的可错性是兼容的。

在科学探究的过程中,皮尔士接受"犯错"的可能性,对"错

---

① See Mateusz W. Oleksy, "Belief and Opinion", in *The Normative Thought of Charles S. Peirce*, Cornelis De Waal and Krzysztof Piotr Skowroński (Eds.), New York: Fordham University Press, 2012, p. 212.
② Christopher Hookway, *Truth, Rationality, and Pragmatism: Themes from Peirce*, Oxford: Clarendon Press, 2002, p. 48.
③ CP 1.171, CP 1.162–163.

误"的经验(the experience of error)有着积极的意义,它将带给我们关于这个宇宙更多的知识。如若真理仅是某种终极性的东西,那么我们在当下的探究中将不能获得真理,因此也不可能犯错——因为缺乏可对现有的判断进行衡量的标准。实际上,我们拥有的只是"意见",永远无法摆脱怀疑的状态,我们将对稳定的信念或终极的知识充满恒常的渴求。不过,我们不会因此陷入先验论或希望论。对真理的探究是在共同体的维度内进行的,这类探究无论在何种意义上均是一种后验性的探究,它有着偶然性。如若承诺形而上的真理,那么我们必然会被迫承诺存在某个时间的"终点",那时一切信息均已具备而不会再有新的信息出现,我们可以基于对实在的完备知识进行一项"本体论之跃",从偶然的此岸世界跳跃至永恒的彼岸世界——无疑这些均不是皮尔士承诺的观点。

那么,究竟如何获得"真"?我们认为,在一种探究理想的意义上,皮尔士的确是在将"真理"表述为一种"社会希望":通过共同体一段时间的探究和努力,我们终将获得某种知识。但这种希望不是一种形而上的希望,而是一种现实可实现的希望,其根据在于,宇宙的发展存在法则可循,外部世界以合乎法则的方式施加给我们影响,从而通过对这些影响的探究,我们终将实现关于这类法则的认识,获得相应的真理。在此意义上,真理的确在某种"客观的"意义上对当下的探究过程起到了制约和引导作用。但我们需要辨明的是,在皮尔士那里,

4. 规范科学

> 探究过程的理想终点＝获得了关于外部世界或法则的确定知识≠时间的终点

因而,真理不仅是可能的,我们已经真实地拥有很多"真理"或真相(truths)。根据这些真理,我们获得了关于世界的信念,同时,我们也借以发现了"错误"的可能——在关于世界的新探究中,那些与已有经验不融贯的部分将会促使我们更新关于世界的理解以及真理观。

胡克威提供的例子能够帮助阐明我们这里的观点。[1] 假设存在着这样的关于概率的客观事实:如果某人肝脏受损,那么他的死亡概率是75%。在成功的探究过程中,我们将获得这样的推理:

> X 肝脏受损,所以 X 会死亡;这在 75% 的情形中是真的。

皮尔士指出,"随着我们在一类推理中做出一个又一个具体的推理,在最初几十个或几百个推理中,成功的推理占比可能会非常波动;但是,当我们做出成千上万的推理时,这些波动就会越来越小;如果我们持续做出足够长时间的推理,比率将会达到一个近似固定的极限"[2]。在我们看来,这一"极限"就是理想探究的终

---

[1] See Christopher Hookway, *Truth, Rationality, and Pragmatism: Themes from Peirce*, Oxford: Clarendon Press, 2002, p. 49.

[2] CP 2.650.

点,当新信息的增加不再促使我们修改已有的结论,我们便获得了终极真理。这一极限绝非理想与现实的边界,真理绝非先验领域内的居民。尽管终极真理被定义为一种理想的数学极限,但是真信念却不必是一种理想极限。我们同意胡克威的观点,认为"皮尔士的立场从未要求我们能够达到或理解某种'完美状态'。它仅要求我们达到这样的一种状态,即不再有进一步的证据来扰乱我们已经获得的信念"[1]。这恰是皮尔士最初在《信念的确定》("The Fixation of Belief", 1877)一文中想要实现的目的:"为了消除怀疑,就有必要找到一种方法,以此方法,信念便可能不再是带有人类性情的东西,而是由某种外在的永恒之物——由某种绝对不受我们的思维影响的东西所产生。"[2]这种方法就是科学的探究方法,运用这种方法我们将能现实地获得许多客观的、现实的真信念,而这些现实的真信念正是我们通向和逼近理想真理的有效且必经之路。

总结而言,CCTT 相信,世界不是对我们漠然的物自身,它在我们的探究活动中积极呈现自身,在我们合乎规范的科学的探究活动中能够把握关于世界的真相,主体间达成的"共识"不仅是意见,还总是同时"会聚"着经验灌输给我们的世界部分。"共识"加上"会聚"意味着知识既是我们的,也是真正关于世界的。与不

---

[1] Christopher Hookway, *Truth, Rationality, and Pragmatism: Themes from Peirce*, Oxford: Clarendon Press, 2002, p. 49.
[2] 皮尔士:《皮尔士论符号》,胡普斯编,徐鹏译,上海译文出版社 2016 年版,第 198 页。

存在理解范围之外的物自身这一说法类似,亦不存在不可抵达的"真理"本身,理想的、完全排除可错论的真理源于完全复绘物自身的传统期待。只要我们在这一宇宙中持续呈现世界,真理就永远是可校正的,真理论和可错论相容,CCTT 是一种可修正的真理观。

小结

皮尔士指出,宇宙中似乎普遍存在着三种情感(sentiment),即对无限共同体的兴趣、承认这种兴趣有着至高的位置以及希望理智的探究活动可以无限进行下去,"这三种情感大抵类似于众所周知的信、望、爱的三重奏"。[①] 因这三种情感,我们孜孜不倦地埋首探究世界的无尽事业,进行着逻辑学、伦理学以及美学的探究。我们也因此期待和推动更好的科学共同体的形成,科学共同体是基本的探究单位。同时,在更好的共同体内,主体间也有着更好的规范关系。由于"爱"这个世界,我们规范求真,在更好地认识世界的同时,我们也更好地对待彼此,成为更好的规范生物。

---

① CP 2.655.

5. 符号哲学

在3.4节中,我们讨论了皮尔士对现象的重构。现象无法不通过范畴而存在,但皮尔士将范畴重构为第一性、第二性以及第三性,这使得人们不能再诉诸概念而仅能通过他所强调的符号来思维此类对象。概念与符号有着实质不同的结构,涉及两种截然不同的思考世界的方式。皮尔士指出,我们无法不通过符号来思维,这也要求我们对符号以及符号活动进行考察,本章5.1节和5.2节将完成这项工作。以不同的方式把握现象和认知世界,意味着我们也将获得一种不同的认识论。我们不妨将诉诸符号对世界的认识论探求称为符号认识论或符号哲学认识论。5.1节将首先简单勾绘符号认识论的问题,而后在5.2节中通过阐释终极因在符号活动中发挥的作用表明,充满机会的符号活动何以呈现规律性或规范性,进而将宇宙呈现为我们所理解的世界。符号活动受到外部事物所施加的力量的影响,这种"力"渗透着宇宙运行所遵循的法则,符号活动本身也受制于法则的作用,因此它不是一种任意的、充满机会的过程,而是会收敛并最终结出一个"实在"的果实来,共同体科学的探究活动恰是符号活动的体现,探究活动所追寻的真理恰是关于实在的真相。本章5.3节将在皮尔士符号哲学的视角下讨论其实在论。只有诉诸符号,我们才能确切理解皮尔士的经院实在论,同时,我们也将加深对4.2.3节中曾讨论过的真理论的理解。实际上,在步入20世纪后,皮尔士开始结合关于现象和符号的讨论,并以此重新阐述我们将在下一章中讨论的实用主义思想,皮尔士哲学也随之进入成熟的阶段。

5.1 认识论的符号哲学重塑

大抵从1903年开始,直至其逝世的11年间,皮尔士执迷于对符号做出分类。皮尔士具体阐述了66种符号,从中可以推出59 049种符号变体。① 皮尔士执迷于此的原因在于,我们仅能通过符号来思维,并且也只能通过符号活动来呈现世界,因此对符号的分类意味着对思维的形式和世界的内容做出整理。这看似是一项必要之事,但绝无完成的可能。皮尔士的符号分类工作是否有价值,这是一个存在争议的问题。奎罗斯(João Queiroz)认为,皮尔士的符号分类工作有着重要的意义,借助符号分类上的细化,我们能够在经验上获得关于符号对象的更为细致的认识,从而符号分类构成了皮尔士成熟时期符号哲学中的一项重要论题。② 贾皮(Tony Jappy)则乐观地相信,即便我们如今的哲学讨论不需要皮尔士的符号分类,但未来总有一天会需要它。③ 然而,

---

① See Cheryl Misak, "Charles Sanders Peirce (1839 – 1914)," in *The Cambridge Companion to Peirce*, Cheryl Misak (Ed.), Cambridge: Cambridge University Press, 2004, p. 8.
② See Queiroz, J. "Peirce's Ten Classes of Signs: Modeling Biosemiotic Processes and Systems." In *Semiotics in the Wild: Essays in Honor of Kalevi Kull on the Occasion of His 60th Birthday*, Timo Maran, Kati Lindström, Riin Magnus and Morten Tønnessen (Eds.), Tartu: Tartu University Press, 2012, p. 55.
③ See Tony Jappy, *Peirce's Twenty-Eight Classes of Signs and the Philosophy of Representation*, New York: Bloomsbury, 2017, p. 1.

我们更为支持肖特、李斯卡,以及斯平克丝(C. W. Spinks)等人的观点,认为尽管皮尔士试图通过符号分类的工作来体现符号可用于分析所有事物的立场,但其工作是令人失望的,这不仅是因为这些工作远未完成,皮尔士的拥趸未对这项工作做出进一步的发展,还因为对符号的细致分类会让我们迷失进而忘却了皮尔士符号哲学自身的重要特征。[①] 至少符号哲学的讨论可以安全地避开符号分类的工作。

本节的讨论将主要依据对符号的一种最常用的分析,即表象(表征,representation)的符号结构。表象是传统认识论中的关键概念,传统认识论的任务恰在于保障能够在心灵中确切再现(re-presentation)外部事物向我们呈现(presentation)出的自身。我们在 3.3 节的讨论指出,皮尔士将表象理解为实体的一种存在模式——其他两种模式分别为属性和关系,它既综合起了源于实体本身的感性杂多,也有了可为思维把握的形式。在此意义上,诉诸表象的符号来理解现象,皮尔士首先要克服近代认识论中的二元论思维。我们将在接下来的讨论中厘清这一点。

从符号的视角看,表象有着三元的结构,即符号-对象-阐释项(sign-object-interpretant),符号的三个项分别由像似符-指示符-象征符(icon-indice-symbol)这三种符号表示——实际上,我们将在下文表明,符号的每一个结构都是符号,因此符号与符号之间会处于无限的符号网络关系之中。我们可以用图表 5-1 来

---

① See Liszka, J. "Reductionism in Peirce's Sign Classifications and Its Remedy." *Semiotica* 228 (2019): 154.

表示符号的结构,我们诉诸拥有此般结构的符号来把握须诉诸三个范畴来把握的现象:

图表 5-1 符号的三元结构

关于图表 5-1,其中,符号通过思维所把握的属性(quality)的相似性来呈现对象,相似性则源于外部事物所施加的蛮力的影响;指示符则通过因果关系来呈现对象,以月晕而风、础润而雨为例,缘由指示符,对象被注意到(attention);阐释项则包含了假设或外展推理的形式,因而包含了原则(principle)或实践的意义,有着"理智的旨趣"(intellectual purport),呈现了事物的特征(character)。①

需要注意的是,第一,我们不要混淆作为一个整体的符号(sign)和符号的"符号-对象-阐释项"中的符号。在皮尔士看来,符号活动可以无限展开,每一既成的符号可以作为新的符号活动的开启项而被带入进一步的符号活动之中,从而符号与符号之间存在普遍的关联。就此而言,符号内部的每一元本身均是一个符

---

① See W2: 55-56.

号。如图表5-2所示:

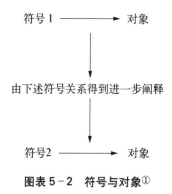

图表5-2 符号与对象①

符号$_1$和符号$_2$之间的关系可由图表5-3表示:

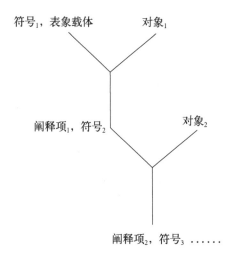

图表5-3 符号与符号之间的普遍关系

---

① See Luca Russo, *Telos and Object: The Relation Between Sign and Object as a Teleological Relation in the Semiotics of Charles S. Peirce*, Berlin: Peter Lang, 2017, p. 84.

从中我们可以直接看出,符号与其对象之间绝非直接的指称关系,对对象的理解仅能依符号与符号之间的彼此关联与互释进行:随着科学探究的进行,阐释项增加,因此会出现更多的符号,这些符号编织起了更大的符号之网,对象也随之得到更为确切的锚定。用孙宁的话说,皮尔士的符号哲学将传统认识论中的二元表征思维转置为三元解释,广义符号学对现象学的转译与更新为我们带来了一幅新的宇宙图景:

> 一方面,认知的本质不再是一个用符号性存在去表征另一个非符号性存在,而是不同符号之间的中介和互释。因此,广义符号学语境中并不存在符号如何指称对象的"语义学问题"。皮尔士指出:"只有当对象本身具有符号或思维的性质时,符号才能成为关于那个对象的符号。"另一方面,广义符号学语境中不存在根本性的二元对立,意义模式(modi significandi)和存在模式(modi essendi)、思维和实存是同一种存在模式——符号性存在——的不同面相。因此皮尔士考虑的首要问题并不是分属不同领域的存在如何发生关系,而是各种符号性存在如何在符号的互释进程中规定自身又超出自身。[1]

第二,就符号与现象的关系而言,诉诸每一范畴理解的现象均有着三元的符号结构。我们可以透过下表来理解这一点,至于其中每一种符号的界定,请容我们此处不作多论:

---

[1] 孙宁:《古典实用主义的线索与视域》,华东师范大学出版社2023年版,第182页。

5. 符号哲学

图表 5-4 显像范畴和符号分类

	第一性	第二性	第三性
根据**符号性质**的分类，符号与所指事物之间仅有一种理性的关系。	性质符(Qualisign)：一种符号，且是一种性质，即作为性质的符号。	单符(Sinsign)：一个实存的个体对象或事件，它是因其周边环境而有意义的。	类型符(Legisign)：一个共相类型，或法则。它的意义在于可以包含在实例中，这些实例有明显的联系，使它们恰当地成为被指对象的符号。
根据**符号与对象的关系**的分类。	像似符(Icon)：图像化的符号，与其代表的对象相似，在诠释者的心灵不存在的情况下，它也如此，是一种退化了的关系。	指示符(Index)：因直接受到对象的影响而指示其对象，若对象不存在，它便没有那些特性，而若诠释心灵不存在，它仍可以有那些特性。	象征符(Symbol)：约定的符号，它对对象的关系是通过中介性解释而确立的。它相当于一种习惯，一种规律性。
根据**符号与阐释项的关系**的分类，(从逻辑的角度)——关注点在于获得真理	词项符(Rhema)：在一个命题中去掉一部分而留下来的带空位的形式，这些空位可以被一些专名填充之后成为完整的命题。根据空位的数量1、2、3，可分三类言词符：空符(*medad*)，一价言词符(*monad*)，二价言词符(*dyad*)，三价言词符(*triad*)。	陈述符(Dicisign/Dicent sign)：命题(不是一个断言，而是可以成为一个断言的符号)，是代表其对象的实际存在的符号，直接与其对象相关，检验一个符号是不是陈述符的简单方法是看它是不是有真假，但并不是有真假使得一个符号被称为一个陈述符。	论证符(Argument)：其诠释项通过法则作为一个将来的符号来代表其对象，是一个独自阐释其目的诠释项(结论)的象征符。

第三,如果我们沿着符号的三元分别来看,它们则各自表达了诉诸符号所思维之物的下述三条线索:

(1) **强制性**,具体体现为施加于思维的力,因此思维是受限的;
(2) **因果性**,因此思维会有思及此物而非彼物的倾向;
(3) **原则性**,因此思维能够合乎理性地把握事物。

哲学研究中不乏单独沿着其中一条线索展开的研究进路。例如,沿着线索(1),我们可能持有强物理主义的立场,根据诸如"力"在身体或颅内产生的影响来给出理解;沿着线索(2),我们可能会迷恋于事件(events)的因果理论,在这条进路上,我们会遭遇到休谟的怀疑论、戴维森(Donald Davidson,1917—2003)的异常一元论(Anomalous Monism)等理论问题与方案;[1]沿着第三条线索,我们大可对思维的理性形式做出纯粹批判,进而步入诸如德国观念论的领域。

相较之下,皮尔士符号哲学的一大洞见在于,认为这三条线索构成了同一符号活动中不可拆分的整体。皮尔士强调道:"我指的是一种活动或影响,它包含了下述三个主体间的互相协作,即符号、符号的对象,以及符号的阐释项,这种三元性的关系在符号活动中不可被还原为两项之间的关系。"[2]如此一来,强制性、因

---

[1] See Donald Davidson, "Mental Events," in *Essays on Actions and Events*, Oxford: Clarendon Press, 2001, p. 208.
[2] EP 2: 411.

果性、原则性的三条线索是彼此支撑的：只有事物施加给思维以真实的力，它才能以对象的形式被把握到，相关的假设才能在探究活动中得到科学的验证；只有诉诸阐释中包含的法则，我们才能把握事物的"力"的作用，并形成对事物的可靠因果关联；只有因果性得到现实的呈现，我们才能对事物的"力"的作用做出蕴含了规则的一般假设。基于前文关于皮尔士宇宙论、现象学以及科学哲学的讨论，我们不难理解符号具有整体性的理由：

（1）偶成论保障了事物对自身的自由呈现以及秩序产生的可能；

（2）连续论保障了心灵的探究能够把握秩序；

（3）规范科学的探究保障了我们的科学探究能够展现宇宙及其运行的法则。

第四，我们想要强调的一点是，符号活动无限的阐释特征不会在符号开显的符号空间与外部事物的空间之间设置界限，从而落回传统认识论中的二元思维。我们不赞成拉索（Luca Russo）下述这类立场："知识……在皮尔士看来，体现的不是外部事物的影响，而是所确立的意见。表象是意见，外部对象则是意见所关涉的对象。"① 尽管必须诉诸符号来思维，但我们不能仅将外部对象

---

① See Luca Russo, *Telos and Object: The Relation Between Sign and Object as a Teleological Relation in the Semiotics of Charles S. Peirce*, Berlin: Peter Lang, 2017, p. 29.

理解为符号活动中所捕获的对象,从而丢弃了事物所施加的"力"的作用,甚而否认独立于心灵的外部事物的存在。上述三条理由共同保障了"我们"的科学表达能够阐明事物在直接意识中呈现的"之所是"。在此意义上,符号活动仍然有着认识论的关切。当然,(1)和(2)中具体隐含着效力因和终极因之间的关系:根据(1),事物自由地呈现自身,因此现象是偶成的,那么宇宙的运行为何必然如(3)所暗示的那般是符合法则的?进而宇宙的演化过程有着某种不可逆的方向性?我们在1.1节的讨论中曾解释过这一问题,5.2节则将结合符号活动,阐释终极因在宇宙的符号活动中如何发挥作用。

第五,我们已经能够看到,诉诸符号来理解现象,这将为认识论带来根本性的变革。传统认识论的问题在于,它承诺了这样的立场,即认为概念性和非概念性之间存在一道界限,主体间的理解仅能把握概念性的事实,从而"世界"被削除了外部性,被缩减为在概念中俘获的事实。所谓的概念(concept),是指为许多人所共有的(con-)理解(-ception),人们运用它来概括或把握对象的本质或同类对象的共同特征。此外,概念必须是清楚明白的,认识上的问题往往源于概念的模糊性,澄清概念于是可能变为一项可以仅关乎其意义而无关乎其内容的形式化的分析事业。我们不可将这里所谓的概念性视同为可理解性(intelligibility),可理解性是思维的前提,概念性则是对思维的更高要求。实际上,概念思维的成因恰在于混同了概念性和可理解性,仅将概念理解为共同体所使用的成熟概念,进而仅将共同体内使用概念的可理解性视为知性的最低限度,避而不论可理解的、非概念性的内容,最终的结果便是,关于外部世界的认识论事业由于无法跨越概念与非概念的事物之间的界限,成为一项被弃置的事业。相较之下,在诉诸符号的探究中,思维的基本单位是由表象载体、对象和阐释项这三项构成的一个意义整体,其中不再有任何概念思维中对心灵内和心灵外、概念性和非概念性、语词和对象、意义和指称、语言和世界等类二分的承诺。诉诸符号和符号思维建构的符号哲学认识论将从根本上转变我们看待世界的基本方式,它因此不仅能够为回答传统认识论问题提供一条新的思路,也有助于我们重新思考当代哲学中的诸多难题。缘着这条思路,我们可以展开更多的讨论。

总结而言,对符号以及诉诸符号思维现象的特征的讨论表明,皮尔士为我们呈现了一种十分不同的思考世界的方式,我们也将因此获得一种不同于传统认识论的符号哲学认识论。接下来的讨论将阐明,在起初充满机会的符号宇宙中何以必然出现规范认知,我们将具体讨论终极因在宇宙符号活动中所起到的作用。

5.2 宇宙符号活动中的终极因

我们对于规律或任何规范的把握与对所谓的"因果关系"的理解息息相关。近代以来的哲学和科学传统对因果关系的理解要么是机械式的决定关系,要么是休谟式的联想关系,而在皮尔士的符号学视域下,因果关系摆脱了这两个选项,借助于符号的三元结构,皮尔士重新将终极因从近代以来的驱逐中迎了回来。

皮尔士的终极因思想源自亚里士多德的四因理论:当事物或事件之间具有一种"X 为了 Y 而存在或发生"(A for the sake of B)的关系时,Y 就被称为 X 的终极因或目的因(或目的)。例如,就人建造房子是为了居住、狗在夏天伸出舌头是为散热、鸟的翅膀是为飞翔等此而言,"居住"这一功能为人类修建房子的行为提供了解释,而"散热"和"飞翔"也分别为狗的伸舌行为和鸟的生理构造提供了解释。这种包含终极因的解释,也被称为目的论解释(teleological explanation),包含这种解释的理论,则被称为目的论(teleology)。在皮尔士的相关讨论中,他将终极因视为一种对结果的一般特征的约束或规范,恰是有了这样的约束或规范,充满机会的符号活动才会呈现出特定的倾向,万物的运行才会呈现出习惯。

在皮尔士的阐述中,终极因的规范性解释效力与效力因的机械性解释效力并不冲突,前者具有后者所没有的整合能力。此外,具有规范性特征的终极因并不局限于生命现象,它有着一般的因果结构,可被运用于任何可能包含倾向性的现象。借助皮尔士对因果理论和符号结构的阐释,我们可以为终极因如何发挥作用提供符号结构上的说明。从这些说明中我们将会具体看到,充满机会的符号活动何以必然带来确定的认识。

5.2.1 当代的目的论解释及其问题

在当代目的论的讨论中,生物哲学中有关目的论解释的讨论或许最具代表性。根据阿亚拉(Francisco J. Ayala)的概述,适用于目的论解释的生物学现象主要有三种。(1)主体(通常包括人和动物)基于有意识地预期某个目标而进行的活动,例如,张三想要写一篇有关目的论的论文,从而去图书馆借阅相关的书籍。(2)自我调节的现象,即当外部环境变化时,依据某种机制使系统能够达到或保持一种特定的属性或状态。生物所具有的自稳态机制(homeostatic mechanism)是这种现象的典型代表,例如,人体的温度维持在特定值上下。(3)在解剖学和生理学上为执行某种功能而拥有的特定结构的现象,例如,鸟的翅膀是为了飞翔,人的眼睛是为了获得视觉信息,等等。某些人造工具和机器所具有的功能也体现了这类目的论现象。[1]

在以上三类现象中,除了第一类现象中对人类的意向性行为采用目的论解释没有引起太大的争议外,在其余情况中运用目的论解释均受到了质疑和批判。

首先,人们批评目的论解释中存在着**因果颠倒问题**。这一问题是指,目的论解释似乎是根据未来的某个状态(目标)来解释当下的状态或结构,但是,一个尚未存在的事物或事件何以能够起到因果解释的作用呢?对此的回应通常是,指出目的论解释中的终极因并非指未来的某个特定目标,而是指一种潜在的或可能的倾向性。对目的论进行阐释的重点在于,对具有趋向性或目标-导向(goal-directed)的现象进行阐释。

---

[1] See Ayala, Francisco J. "Teleological Explanations in Evolutionary Biology." *Philosophy of Science* 37.1 (1970): 1-15.

其次，人们批判目的论解释中包含着**意向性依赖问题**。一个人可以为了某个目标（Y）而采取特定的行动（X），这是因为人具有意图，但是，鸟的翅膀或人的眼睛如何能够"为了 Y 而 X"呢？在何种意义上鸟的翅膀或人的眼睛具有意图？一种回应是，将目的论解释彻底自然化，从而排除所有主体或意向性（不管是人类主体还是超自然主体）的成分。然而，这种自然化目的论的方案会将目的论引向另一个陷阱。我们可以诉诸生物学家迈尔（Ernst Mayr，1904—2005）提供的一种典型的自然化目的论，来对此稍作分析。迈尔区分了四种与目的论相关的过程：（1）生物领域的程序性目的过程（teleonomic process）；（2）物质领域的规律性目的论过程（teleomatic process）；（3）生物的功能适应性（adaptedness）；（4）宇宙目的论（cosmic teleology）。其中，第二种目的论解释被视为可以还原为由自然法则支配的解释，最后一种目的论因为没有任何经验支持而须被彻底抛弃。第一种和第三种目的论则可以根据遗传程序和自然选择机制得出更进一步的机械论和自然主义的解释。尽管迈尔承认生物学中确实需要保留终极因，以区别于**近因**（proximate cause），进而解释"为什么"的问题，但他认为，这种终极因本质上只是一种历史性的进化程序。[①] 在哲学的讨论中，内格尔（Ernest Nagel，1901—1985）则试图指出，目的论解释在生物和物理领域没有本质的差别，因为目的论解释与一种非目的论解释（机制性解释）具有等价性，两种解

---

① 参见迈尔：《生物学思想发展的历史》，涂长晟等译，四川教育出版社1990年版，第79—80页。

释的唯一差异仅仅在于表述的重点和角度。① 以上两种对目的论解释的保留方案的最终结果却是取消目的论,目的论中的终极因成分被削减为一般的因果关系(即通常所说的效力因)。

总而言之,自然化目的论解释方案所面临的主要困难可归结为两点:一是如何说明目的论解释是自成一类的因果解释——终极因不能还原为效力因;二是如何在不将终极因还原为效力因的前提下说明终极因的解释效力。对皮尔士有关终极因的因果理论的讨论将会表明:一方面,终极因并非未来的某个特定状态或事物,而是一种对结果的一般特征的约束或规范,这种约束或规范不仅仅是对生物现象有效;另一方面,终极因的解释效力与效力因的解释效力(因果链式的解释)并不冲突,前者具有后者所没有的整合能力。我们将借助皮尔士的因果理论和符号结构,对终极因发挥其作用的方式提供结构上的说明,进而为这种终极因理论的合理性提供一种皮尔士式的辩护。

5.2.2 皮尔士的终极因概念

根据皮尔士为《世纪词典》(*The Century Dictionary*)撰写的"原因"(cause)这一词条,他基本上沿用了亚里士多德对因果关系的定义,认为原因包括:(1)某物本身所依赖的东西,即质料因,例如,桌子是靠木头制成的;(2)事件或事物之所是所凭借的力量,即效力因和形式因,例如,桌子出自制作者的设计和劳作;

---

① See Nagel, Ernest. "The Structure of Teleological Explanations." *The Structure of Science* (1961): 401–427.

(3)结果由之产生的原则,即终极因,例如,在桌子的例子中制作者对之的意图。皮尔士对亚里士多德的四因进行了更进一步的分析,如图表5-5所示:①

图表5-5 皮尔士对原因的分类

	内在的(internal)	外在的(external)
个体性的(individuating)	质料因	效力因
规定性的(defining)	形式因	终极因

其中,内在的原因是指原因是结果的一部分,若不然原因则是外在的原因;个体性的原因是指构成个体事物或事实的性质的原因;规定性的原因是指构成众多事物所遵循的一般原则的原因。不过,皮尔士的形而上学构想是建立在"符号"上的关系本体论,而非传统意义上的实体本体论。在其后期对因果关系的讨论中,我们很少看见皮尔士对两种内在原因的讨论。皮尔士更多关注于外在的两种原因,即效力因和终极因,他写道:

> 所有的因果关系可分为两大分支:效力的或强力的,以及理想的或终极的……我们必须将终极因理解为这样一种模式,它根据对结果的一般描述来"引起"事实,完全不考虑它以这种或那种手段产

---

① See EP 2: 315-316.

5. 符号哲学

生的任何强制力,尽管这些手段可被用来达到目的。结果或许在某个时间以一种方式产生,而在另一个时间以另一种方式产生。终极的因果关系并不决定它将以什么特殊的方式被引起,而只是决定其结果应具有某种普遍的性质……效力因是一种由事物的特殊状况决定的强制力,是一种使该状况以完全确定的方式发生变化的强制力。①

皮尔士并没有给出将因果关系区分为效力因和终极因的理由,但他对二者的特征作出了清晰的界定:**效力因是强制性的,终极因是规范性的**。

皮尔士举狩猎的例子来帮助我们理解这两类因果关系。假设有人举着猎枪想要打一只飞翔着的老鹰,这时他将对准老鹰的枪口向前移动一段距离,以便开枪之后能够击中它。这个人的意向就是他做出一系列动作调整的终极因。一旦他开枪之后,整个过程就变成了由效力因主导的盲目过程了,因为在这期间老鹰若飞向了另一个方向,子弹将还是沿原来轨迹前进而无法再通过调整其方向击中老鹰。通过这个例子,皮尔士想说明终极因的根本内蕴在于它是对结果进行的普遍规定或规范,而不是造成具体结果的直接力量。击中老鹰的意向规定了要击中老鹰的目的以及猎人所要采取的工具、射击的方式和时间,但是,真正能够产生击中老鹰的结果的,是子弹进入老鹰的身体。终极因所具有的规范

---

① CP 1.211.

性与我们一般印象中的因果强制性的区别在于,前者起到的作用是引导,而后者起到的作用是导致。终极因果的这种规范作用所产生的明显特征呈现于相关现象所表现出来的方向性或目标导向性。

对终极因的规范性理解也让皮尔士认识到,如果仅依靠终极因,我们将无法解释一个现实的因果现象,因为规范性原因仅仅规定了结果的某些特征。皮尔士因此承认任何实际的因果作用都必然包含两种因果关系——终极因果和效力因果。就终极因和效力因的关系而言,皮尔士认为,**效力因果和终极因果在实际的因果过程中可加以区分却不可被分离**。也就是说,我们可以在概念上区分两种因果关系,但却不能实际地分离出两个因果过程。皮尔士将终极因比作法庭,将效力因比作治安官(警察),若没有治安官,那么法律将是一张毫无力量的白纸;而若是没有法庭,即便治安官还能实行强力,但这已不是治安而是施暴了。终极因没有效力因的辅助是无用的;效力因没有终极因的引导是混乱的,[①]因而也就不能谈论所谓的因果作用。

皮尔士终极因果理论的另一个关键要素是机会。如一些学者指出的那样,在皮尔士哲学体系中,机会是皮尔士演化的宇宙论成立的关键,也是一切规律性或规范性的基础和起始点。[②] 皮尔士的立场意味着,若宇宙中不充满机会,终极因就不能起作用,

---

① See CP 1.220.
② See Short, Thomas L. "Peirce's Concept of Final Causation." *Transactions of the Charles S. Peirce Society* 17.4 (1981): 369-382.

这是因为终极因作为对结果的引导,它蕴涵着存在不符合规定的情况,即例外情况;若一切都被确定或规定好了,那么终极因的导向作用就成了多余的,终极因就完全被还原成了效力因,而这最终会导致一个静止的、决定论的世界。我们在第2章的讨论中给出了皮尔士反对决定论的理由。皮尔士将"机会带来秩序"视为当时物理学(19世纪的热力学)和生物学(进化论)最大的贡献。他常用分子扩散运动和达尔文的进化论为例,来说明为何效力因果(机械力学)无法或难以解释这类基于机会的或随机性的活动;这种现象本身是随机的,最终却具有不可逆的方向性,而方向性正是终极因发挥作用的表现。①

总结而言,在皮尔士看来,终极因解释可以成立的根源在于,**所有事物都有形成习惯性的趋势**(tendency to take habits)。所谓"习惯性的趋势",指的是一个事物采取与以前类似场合的行动的可能性要比其他情况大,即在相同的情况中,事物倾向于采取相同的行动。皮尔士说道:"这种趋势本身就构成了规律性,而且不断地在增加……它是一种普遍化的趋势;它使未来的行动遵循过去行动的某种趋势;这种趋势本身就是能够进行类似普遍化的东西,因此是自我产生的。"②只要有趋向性,终极因就可以作为一种指示趋向性方向的要素而为相关现象提供解释,甚至是对未来的现象提供预测。我们不难发现,皮尔士在此强调的"习惯性的趋势"不仅不会陷入因果颠倒的指责(它是一种潜在趋向),还符合

---

① See NEM 4: 66.
② CP 1.409.

自我约束和自我建构的特征。另一方面,这种"习惯性的趋势"被认为是所有事物都具有的,而不限于生命现象,更不局限于意识现象,因此也能避开对意向性的依赖以及相关的指责。

5.2.3 终极因果的符号结构

尽管对皮尔士终极因目的论的上述解释避开了一般目的论阐释中的因果颠倒和意向性依赖问题,我们仍需对终极因究竟如何发挥其作用做出进一步的说明。接下来,我们将借用皮尔士的符号哲学勾绘终极因的因果符号结构,以说明终极因如何在不与效力因相冲突的情况下发挥其实际效力。

对于皮尔士来说,以符号学的方式来阐释目的论的因果结构似乎是非常自然的一件事情。这不仅因为符号活动本身就包含某种因果作用,还因为在皮尔士的描绘中,符号活动就是一种趋向于完全表征对象的目的论过程。[1] 需要指出的是,尽管皮尔士本人并未直接将终极因果与符号的结构等同起来,但众多皮尔士学者,例如佩普(Helmut Pape)、胡尔斯威特以及肖特等人[2],都将皮尔士的终极因果关系与三元的符号关系相提并论。

根据皮尔士符号的三元符号结构,一方面,从因果关系的意义上看,对象(O)决定(造成)符号(S),符号决定(造成)阐释项

---

[1] CP 1.133.
[2] See Pape, Helmut. "Final Causality in Peirce's Semiotics and his Classification of the Sciences." *Transactions of the Charles S. Peirce Society* 29.4 (1993): 581–607; See also Menno Hulswit, *From Cause to Causation: A Peircean Perspective*, Dordrecht: Springer, 2002, pp. 199–213; Short, Thomas L. "Peirce's Concept of Final Causation." *Transactions of the Charles S. Peirce Society* 17.4 (1981): 369–382.

(I),对象则通过符号间接地决定(导致)阐释项。另一方面,从表征的意义上看,符号通过其造成的效果(即阐释项)来表征其对象。阐释项可以产生另一效果(I′),据此它也就成了通过I′而表征对象的另一符号S″了。如上文指出的,这种符号表征的过程(另一方面也是因果的过程)原则上可以无限进行下去。其因果和表征结构如图表5-6所示:

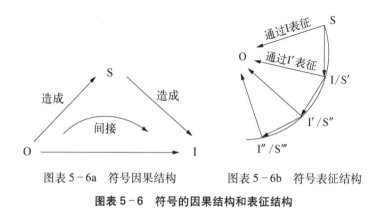

图表5-6a 符号因果结构　　图表5-6b 符号表征结构

图表5-6　符号的因果结构和表征结构

举例而言,我们目前发现的恐龙化石可被视作亿万年前活跃于地球上的恐龙类生物的符号。原始的恐龙在一系列情况下产生了恐龙化石(S),而恐龙化石又在一系列的情况下产生了我们对恐龙的各种推定的解释项(I),而正是通过这些解释项,特定的化石才能够表征我们从未真正见过的恐龙生物(O)。从符号哲学的角度来看,能够表征恐龙的符号是多种多样的,除了骨头化石之外,还有粪化石、足迹化石、胃石、羽毛痕迹等;这些符号所产生的阐释项也是多种多样的,甚至有些会偏离恐龙这个对象,例如，古代的人们或许会把发现的化石视为这种或那种神兽，并且产生一系列的崇拜行为。但随着越来越多的这类符号被科学（理性）地对待之后，它所造成的阐释项也越来越趋于指向恐龙这一类曾经称霸地球的生物。

对于皮尔士来说，符号关系的核心是一种普遍性的中介关系，即对象与符号之间的关系不是一种简单的两项关系，如"Y意指X"，而是一种不可还原的三元关系，如"Y通过Z指示X"，即符号通过阐释项表征对象。在关于恐龙的符号活动中，在某个地方发现的化石并不能直接表征恐龙，只有在我们拥有相关古生物学的知识时，它才表征原始的恐龙。恐龙这一生物对象也没有直接决定我们有关恐龙的知识（实际上，它也无法直接决定），它只能通过各种化石符号，引导我们的相关知识使其趋向于指示同一个对象。因此，在符号活动中，就对象规定着阐释项的可能性（也即我们关于恐龙知识的一般特征）而言，它就是阐释项的约束条件。

"对象"在符号活动中起到的这种约束作用，可以完整地被移植到前文阐释的包含终极因的因果过程中。根据我们对终极因已经做出的刻画，终极因不直接产生特定的结果，而是通过效力因的作用去产生结果，即终极因本身间接地通过规定结果的一般特征而对其产生效力。如图表5-7所示，终极因

图表5-7 终极因的符号结构

有着如图表述的符号结构。

此外,正是因为对结果的一般特征起到了规定的作用,终极因将众多现象作为一个整体联系在了一起,赋予现象以统一性。我们因此既可以谈论比效力因更为一般的因果关系,也可以做出更为一般的预测。在前面皮尔士所举的猎人与老鹰的例子中,根据猎人的意图,我们可以预见他一系列的动作调整,这些动作不仅得到了解释,而且得到了统一解释。在生物哲学对功能的讨论中,人们经常将飞翔作为鸟类长有翅膀的目的,若根据上述理解的终极因来解释,那么飞翔就是终极因,是某些生物在特定条件下倾向于具有的一般特征。就此而言,飞翔不必被视为未来的特定状态,这在一定程度上可以避免因果颠倒这类问题。此外,我们可以发现还有其他能够实现飞翔这一目的的生理结构,例如,鼯鼠的飞膜。所有这些结构现象,不管是翅膀,还是飞膜,又或机翼,都可以在作为飞翔的终极因中被联系在一起,并得到相应的解释。对于未来可能发现的其他能够飞翔的结构或生理器官,我们也可以通过对"飞翔"这个一般特征的研究而获得一些预见性的看法。

总结而言,根据符号学中"对象"所起的约束作用来理解终极因的规范作用,可以让我们更好地理解终极因具有的下述七个特征:

(1) 终极因通过效力因实现其结果;

(2) 终极因规定结果的一般特征,而不决定具体的现实结果;

(3) 终极因所规定的一般特征表现为现象的发展以及符号活动的方向性；

(4) 终极因具有多重实现性，即终极因可通过不同的方式实现其结果，因此对象具有多种被表征的方式；

(5) 终极因不要求必然性，例外性、机会性与终极因之间没有矛盾；

(6) 终极因为众多不同的效力因建立了统一的联系，即终极因提供统一性；

(7) 人类心智意向并不是终极因的唯一实例，终极因是宇宙中所有符号活动均具有的内驱力。

皮尔士对终极因的阐释一方面呼应了自然化目的因的潮流，另一方面也坚守了将终极因视为一种自成一类的因果关系的立场。终极因可以作为对结果的一般特征的规定而发挥其作用，因此并不会带来因果颠倒问题，也不陷入意向性依赖问题的指责。终极因解释不与一般的效力因解释相冲突，相反，二者对于我们所需的完整解释都是不可或缺的。皮尔士的符号学三元结构帮助我们看到了目的论解释所具有的三元结构（终极因-效力因-结果），其中，终极因间接地或中介性地导致结果。终极因的解释效力尤其体现在下述两个方面：一是对倾向性现象或目标导向性现象中方向性的解释；二是对众多不同的效力因如何关联统一的解释。此外，具有规范性的终极因并不局限于生命现象，而是作为一种一般的因果结构，可被运用于任何可能包含倾向性的现象。

5. 符号哲学

总言之,我们认为皮尔士的因果理论和符号哲学为理解目的论的因果理论和终极因发挥其作用的方式提供了有益的思路,为理解相关现象和构建有前景的目的论的因果理论提供了相应的启示,也为符号哲学认识论提供了根本的保证——恰源于终极因的有效运作,科学的规范探究才能将事物在效力因中直接呈现为具体的现实。

5.3 实在论

如果符号认识论探究的不是心灵与世界之间的表象关系,那么,诉诸符号思维,我们究竟能够思考或知道什么?对这一问题的回答会将我们带往皮尔士的实在论。一般认为,"实在"(reality)是独立于心灵的外在实存(external existence),这将带来关于外在"实在"的内在认知究竟何以可能的问题。皮尔士对"实在"和"实存"、"实在"和"外在"这两对概念的辨析有助于我们重新审视实在论问题。皮尔士认为,实在是一个具有认知属性的概念,它独立于具体心灵对它的认识,但并非必然独立于"思想一般"(thought in general);而实存则体现为蛮力作用,在外延上与外在相同,独立于一切心灵对一切事物的认识。由此可知,尽管所有实存或外在之物都是实在的,但并非所有实在都是实存的或外在的。因此,对"实在"的内在认知就具有了可能性。皮尔士对实在概念的辨析既避免了简单的外在主义和内在主义的划分,也为实在论者所坚持的实在的可认知性和独立外在性的立场留下了解释空间。

5.3.1 实在论的理论症结

我们可以这样表述对实在做出极强承诺的实在论：这个世界上存在某种实在的东西，该物独立于认知的心灵而客观实存。其中，独立性、外在性和客观性构成了实在论内蕴的关键特征。我们可以将这种实在论的实在概念总结如下：

DF：{X是实在的 | X独立于心灵而客观实存}

在传统认识论的语境下，如何在心灵中内在地表象这类实在，构成了传统认识论根本的理论任务。然而，我们的表象究竟如何可能完成对实在的完备复绘？反DF的哲学家可能会指出，表象和实在有着本质上不同的存在模式，无论借助何种分析方法——例如经验的或语言的——我们均始终无法超脱主观心灵构架的限制而一跃至实在本身。由此一来，我们应该用"奥卡姆的剃刀"将DF意义上的实在"剃掉"。

取消实在独立的本体论身份将会带来一系列弱化版本的实在论。例如，塞尔（J. R. Searle, 1932—）总结道，人们可以通过诸如属性的本体论还原（即还原至实体向我们施加效果的属性）、理论还原（在实体和科学表达之间建立起理论关系）、逻辑还原（词句表达的对象可还原为经验上对应的本体实体）以及因果还原（可以通过因果链回溯至实体或因果解释来承诺实体）等方式对实在继续作出承诺。① 然而,这些弱化版本的实在论依旧不能避免反 DF 者所指出的问题:实在与我们的认知对象(包括科学语汇表达的对象、理论设定的对象、合逻辑的对象以及我们因果地推定推知的对象)有着本体模式上的根本差别。塞尔一针见血地指出:"我们传统的实在是'物的'观念,至少有三处错误。第一……术语是围绕着'心的'和'物的'的虚假对立……第二,如果我们按笛卡尔术语认为'物的'是有广延的,那么根据这一定义,即使在物理学中所谓物理实在是物的也是过时失效的……第三……假定本体论的核心问题是'世界上存在什么种类的东西'而不是'为了让我们的经验陈述为真,在世界上的位置必须是什么',这是一个深层次的错误。"②塞尔提出的要点在于,上述关于实在论的讨论均以二元论为思想背景,承诺了我们在5.1节中辨认出的概念思维。强实在论 DF 强调价值无涉的世界之中存在着某种本然之物,而我们仅能从为真(true)的经验陈述中推知何物存在。

塞尔似乎拒斥 DF 以及一切弱化版本的实在论。然而,DF 的支持者可能会追问,失去了强实在的制约,经验陈述的真依据将是什么?反实在论者无疑会给出很多答案,但在实在论者看来,这些回答似乎都无法避免在实在的外在独立性和内在可认知性两个方面之间摇摆。

---

① 参见塞尔:《心灵的再发现(中文修订版)》,王巍译,中国人民大学出版社 2012 年版,第 92—93 页。
② 塞尔:《心灵的再发现(中文修订版)》,王巍译,中国人民大学出版社 2012 年版,第 23 页。

这一摇摆也体现在一些学者对皮尔士的"实在"概念的诠释中。例如，普特南将皮尔士的"实在"概念视为某种"实在的绝对概念"，即最大程度地独立于经验、视角等认识论要素的绝对客观性；①胡克威则认为，尽管皮尔士后期的"实在"概念是外在的、独立于我们的思想的，但它不是绝对不变的；②米萨克在对皮尔士的"真理"概念的反符合论的诠释中则进一步将皮尔士的"实在"概念视为完全依赖于信念和断言。③

相比之下，我们认为，皮尔士对"实在"与"实存"、"实在"与"外在"这两组概念的区分，恰好能够克服由二元论视角所引发的难题，即无法融贯地解释实在的可认知性和独立外在性。④ 在接下来的讨论中，我们将通过对皮尔士这两组概念的澄清，探明皮尔士对"实在"概念的理解如何保持了"实在"的外在独立性和内在可认知性之间的平衡，并期许这一澄清工作能够为当代强实在

---

① See Christopher Hookway, "Truth, Reality, and Convergence," in *The Cambridge Companion to Peirce*, Cheryl Misak (Ed.), Cambridge: Cambridge University Press, 2004, p. 128.

② See Christopher Hookway, "Truth, Reality, and Convergence," in *The Cambridge Companion to Peirce*, Cheryl Misak (Ed.), Cambridge: Cambridge University Press, 2004, pp. 138–143, p. 146.

③ See Cheryl Misak, "Charles Sanders Peirce (1839—1914)," in *The Cambridge Companion to Peirce*, Cheryl Misak (Ed.), Cambridge: Cambridge University Press, 2004, p. 7. 米萨克并没有明确主张皮尔士的实在依赖于信念或断言，但她强调了皮尔士的真理概念与信念或断言的内在关联，并指出皮尔士的实在就是真理的对象。

④ 这一想法在莱恩的《皮尔士论实在论和观念论》一书中已有所提及。莱恩对皮尔士的"实在""外在""内在"等概念进行了澄清，并以此为基础阐释了皮尔士哲学的各个方面——经院实在论、观念论、真理理论和实用主义。本文的论题将仅限于对"实在"和强实在论的讨论之上。参见 Robert Lane, *Peirce on Realism and Idealism*, Cambridge: Cambridge University Press, 2017。

5.3.2 "实在"的可认知性

皮尔士并未在二元论的意义上将"实在"视为心灵的对立之物,他对"实在"的思考一开始就基于一个更为广阔的形而上学背景,即"存在具有多种方式"(the ways of being)。对皮尔士来说,"实在"并非一个与认知相对立的决然本体论上的概念,而只是存在的一种模式(a mode of being),而且是一种与认知相关的存在模式。皮尔士通过澄清另一存在模式(即"实存",existence)与实在的区别,阐明了"实在"的这一本质。

皮尔士认识到,"实在"概念和"实存"概念在意义上的纠缠不清,很大程度上源于哲学家们在不同的意义上使用这两个概念。因此,要想准确地使用"实在"一词,必须先澄清其意义。皮尔士遵循术语伦理学(即遵循第一个引入该概念的人的用法)的原则,将"实在"的定义追溯至邓·司各脱。皮尔士指出,"*realis* 和 *realitas* 不是古老的词,而是在 13 世纪被引入的哲学术语,其意义非常清楚。'实在的'就是说某个东西拥有这样或那样的特征,无论是否有人想到它有或者没有这些特征"。① 他在另一处文本中更为明确地表达了这一点:"实在……是一种特殊的存在模式,其特征是实在的真正之所是独立于对之的任何断言。"②

我们可将皮尔士此处的"实在"概念定义为:

---

① CP 5.430.
② CP 6.349.

DFr:｛X 是实在的｜X 之所是独立于任何具体心灵对之的思想｜

乍看之下，DFr 和强实在论的 DF 有着很大的相似性，二者均强调了实在的独立性，但细究之下，二者至少有下述两点区别：首先，皮尔士没有使用"exist"一词，他用的语汇是"之所是"（which is such as it is）。其次，皮尔士强调了"对之的思想"，即"不依赖于任何心智对之的思想"，而不是"不依赖于任何心智"。我们可以依据皮尔士的下述文本先对第一点做出进一步分析：

（1）……"实在"意味着一种不依赖思想的东西，因此有着认知特征，而"实存"意味着与环境的作用，因此它体现了动态特征……①

（2）实在的准确意义是相反于幻觉、错觉或臆想的，而实存，由于 exsistere 中的"ex"，是作用于或反抗其他存在于心理-物理世界中的东西的。②

（3）……无论什么东西实存，都是个体性的，因为实存（而不是实在）和个体性本质上是同一个东西……③

（1）表明，对实在的理解不依赖于任何人对之的思想。尽管

---

① See CP 5.503.
② See MS［R］637: 27.
③ See CP 3.613.

实在独立于我们对之的构想,皮尔士认为,这恰体现了实在的认知属性——某物只有相对于我们对之的思想,我们才会说该物实在,思想范围之外的事物无以言实在。(2)则进一步指出,具有认知属性的实在与幻觉和臆想的东西不同。幻觉等心灵的主观构成物是完全依赖于认知主体的,在某种意义上,它们只是特定认知主体的思维对象。实在则不受限于任何特定的认知主体,在任何认知主体那里均会呈现为一致的认知结果。在此意义上,实在具有认知上的客观性。关于实存,(1)和(2)均强调,一个实存之物意味着它对其他实存之物(这些实存之物可能构成了它的环境)有反作用或抵抗的力,或者在我们的感知中产生一种蛮力的、抵抗的经验。例如,一颗松子砸到"我"的头被弹开,"我"的头"抵抗"松子,"我"感知到一种硬物的击打感,在这样的作用与反作用的关系勾连中,松子作为一个实存之物呈现。就此而言,我们可以得到皮尔士关于实在与实存的第一个区分:

> Dst1(R-E):从关涉的视角来看,实在是一种相对于幻觉或臆想的认知特征(cognitionary character),而实存是一种能反作用于其他实存之物的动态特征(dynamic character)。①

(3)则揭示了他对实存更进一步的界定,实存之物必然以个体的形式存在,即它是"数量上的同一性,一个主体与自身的这种

---

① dynamic 在皮尔士那里主要有两层含义:第一是动力学的、或变化的;第二是基于二元关系的一种作用特征(相对于一元关系之性质和三元关系之法则)。

二元关系只有一个实存的个体才能拥有"①。在此意义上,物质世界的一切个体都是实存的,而任何纯粹的概念(共相或种类)和性质皆不实存。个体对我们的感官可以造成实际的可感效果,同时也是可以用"此"(this)直接指示的对象。皮尔士指出:"简单地说,此性就是反作用。任何反作用于其他事物的东西都是一个此,每一个此都如此反作用。"②由此可见,实存的个体性与其抵抗的特征是紧密关联的。但是,被称为实在的东西则不必然是个体,它可能像是红或硬这样的属性以及物理的自然法则,等等。在经院实在论者皮尔士眼里,性质和法则皆为实在,这是因为,它们同样不因人们对之认识的程度或正确与否而变化。尤其是像法则这类实在,它是普遍的和一般的,而不是特殊的;它体现于诸个体之中,但不仅仅存于任何一个个体。另外,个体性的实存无疑是实在的,皮尔士说道:"实存……是存在的一种特殊模式,不论拥有什么其他特征,它都是被绝对确定了的。"③我们此时可以将实在和实存的第二个区分表达为:

> Dst2(R-E):从存在形态来看,实在并不一定是个体性的,而实存则一定是个体性的。

因此,实在不可被等同为实存,从外延上说,实在的范围要大

---

① CP 1.461.
② NEM:136.
③ CP 6.349;MS[R] 914.

于实存,虽然所有实存的东西都是实在的,但并非所有实在的东西都是实存的。根据"实在"和"实存"的这两个区分,我们可以总结出皮尔士的"实在"存在模式在形而上学和认识论上的特征:首先,从形而上学方面说,实在并不限于个体事物,普遍项也可以是实在的;其次,就认识论而言,实在是从认知角度而被定义的——实在之所是不依赖于任何对之的特定认识。也就是说,皮尔士对"实在"的定义 DF,蕴含以下两个立场:(1)实在这种特性不仅可以是物质个体的属性,还可以是某些一般性的共相的属性;(2)实在是一种认识特性,只有在相关于"对之"的认识中(或"对之"潜在的认识中),且满足独立于具体"对之"的认识,我们才说某物是实在的。

立场(1)暗示了皮尔士的实在论立场:存在实在的共相。这体现了皮尔士一贯的反唯名论的立场,然而,他也明确反对柏拉图式的实在论。皮尔士曾指出柏拉图式的实在论与唯名论经常形成同盟,因为它与唯名论都只承认个体性的存在,只不过唯名论说的是外在的物质个体,而柏拉图主义者说的是某种超越的抽象个体。① 他认为唯名论最大的问题不是它错了,而是它有着"不足"之处——只承认实在的个体事物不足以解释世界,或者说,不足以解释我们关于这个世界的认识。在皮尔士看来,我们所有的概念、思想都是一般的或普遍的,若只有实在的个体,那么我们如何认识这些个体以及诸多个体间的关系就成了问题。于是,皮尔

---

① See CP 8.30.

士认为,共相必然能够体现为个体性的实例(或体现为性质,或体现为关系),有了它作为外在个体与认知心灵之间的中介,我们才能解决对个体的认知问题。唯名论否认实在的一般项,从而无法对个体事物具有的一致性现象做出解释,皮尔士甚至认为,唯名论决然斩断了对科学知识之基础的探索。[①] 因此,我们可以认为,皮尔士对实在共相的承诺——换句话说,对唯名论的批判——是为了保证对"实在"的探索和认识的可能性。

立场(2)则直接表明,实在概念本身有着认知特性。由此可知,皮尔士对实在概念的理解不完全同于当代实在论者。例如,戴维特(Michael Devitt, 1938—)将存在的独立性和外在性(不加区分地)视为实在的根本特征,同时将关于认识论的语义学和本体论问题严格区分开,[②]这使得人们易于认为实在的东西就是外在于认识的东西,甚至是与认知毫无关系的东西。相较之下,皮尔士将实在视为认知特性的做法是基于他对"实在"与"实存"两种存在模式的区分,即实在正是根据认识的客观性——不依赖某个具体认知结果——而被界定的。皮尔士抓住了"实在"(real)概念内涵中所蕴含的"真实"(或"真",truth)意义,说任何事物是实在的,都蕴含着认为该物是真实的,或者说能使一个命题为真,能成为一个判断的对象、一个认知的对象。皮尔士甚至直接将实

---

① See Paul Forster, *Peirce and the Threat of Nominalism*, Cambridge: Cambridge University Press, 2011, pp. 7–8.
② See Michael Devitt, *Putting Metaphysics First: Essays on Metaphysics and Epistemology*, Oxford: Oxford University Press, 2010, p. 57.

在阐释为真命题的对象:"一个实在,我指的就是任何在一个真命题中被表象的东西。"①

胡克威对皮尔士有关实在与认知(或真理)的密切关系提出了不同的看法,认为皮尔士后期(1880年后)的实在概念与真理概念的关系不再紧密,实在不再被定义为真命题或真理的对象,而被理解为外在的、独立于我们的思想的东西,对实在的认识是由我们的直接经验所保证的。② 基于上述阐释,我们认为皮尔士不会支持胡克威对实在和真理概念之联系的解读,在1905年的《什么是实用主义?》一文中,皮尔士仍然坚持认为:"在无论你、我如何思考它的意义上,任何真命题中所断言的东西就是实在的。"③也就是说,皮尔士对"实在"概念作为一种认识属性的观念并没有发生变化。总而言之,皮尔士通过区分"实在"和"实存",将实在的范围扩展到某些共相或一般项的领域,同时,他将实在定义为一种与认识相关的特性,这保证了实在在认识上的可通达性。此外,尽管胡克威的论点有待商榷,但他正确地暗示了皮尔士并未因为将实在概念定义为一种认知特性,而放弃"实在"的独立性和外在性。

5.3.3 "实在"的独立性和外在性

在通过对实在和实存的区分而使实在保持认知的可通达性的

---

① NEM: 773.
② See Christopher Hookway, "Truth, Reality, and Convergence," in *The Cambridge Companion to Peirce*, Cheryl Misak (Ed.), Cambridge: Cambridge University Press, 2004, pp. 138–144.
③ CP 5.432.

过程中，皮尔士也指出，实在的外延包含实存的外延，从而实存之物也是实在的。这一认识的重要意义在于，虽然实在具有认识属性，但是，该属性并非只为心灵对象所具有，物质个体、经验事实等属于实存领域的东西也是实在的。而这类对象的实在性正是皮尔士阐释实在之独立性或外在性的一种重要示例。要阐明这一点，我们需要从关于实在与实存的关系的讨论，过渡到关于实在与外在的关系的讨论上来，即叩问"独立于心灵"到底意味着什么这一问题。

近代哲学之初（自笛卡尔始），哲学家们便倾向于将"外在"视为"独立于心灵"的同义词，这使得"外在"有些时候也成了"实在"的同义词。然而，这并不是皮尔士对实在和外在的理解。在讨论外在和内在时，皮尔士指出，"任何对象，它的属性——即它所有那些可以被真正陈述的或断言的属性——都将完全地保持它们之所是而不发生变化，无论你或我，或任何一个人，或人类，将会做出怎样的思考，或已经如何思考，我在相反于心灵的意义上称之为外在的"[①]。根据这段表述，我们可以将皮尔士对外在的定义表述为：

DFw：{x 是外在的 | x 之所是独立于任何心灵对任何事物的思考}

相应地，"内在"即意味着依赖于某一具体心灵对之的思考而

---

① CP 8.327.

存在。乍看之下,皮尔士对外在的定义更符合前面对实在的通常定义 DF。DF 中的"实在"往往被理解为不仅独立于所有人的思维,而且完全外在于人类的思维和语言。在此意义上,实在便被等同为外在之物。然而,皮尔士反对这种外在主义的实在观,他指出,"实在是不能被人对它的认知影响的任何东西,这是一个语言上的定义,而不是一个理论。外在对象是不被人的任何认知影响的,无论认知是否与它有关,对于这个人而言,它就是外在的"①。

对比 DF_r 和 DF_w,实在的东西是指,它如其所是而不论某人可能对之的思考如何。外在之物则是指,它如其所是而不论某人可能思考的任何东西。② 在此,我们可以发现二者之间的细微区别:实在无关乎任何人对该物的思考,而外在之物是无关于任何人对任何事物的思考。前者无关于思考者,但与思考对象相关,而后者既无关于思考者也无关于思考对象,即与思考彻底无关。如何理解实在的这一独立性呢?

我们此时须回顾上一节中的分析,皮尔士在区分实在与实存时,多次强调了实在是一种"认知属性"。皮尔士与诸多外在主义实在论者的不同之处在于,他极力避免对实在独立性的强调,以免削弱乃至消除其可认知性。在此意义上,他区分实在和外在的一个重要意义在于,将实在放置在可知的范围之内。皮尔士指出,实在的东西独立于人们关于它的思想,但并不一定独立于"思

---

① CP 5.525.
② See MS[R] : 498.

想一般"(thought in general),在认知上具有独立性(不依赖于任何认知者对之的认识)的东西仍然具有可认知性。

那么,进一步的问题便在于,如何理解此处的"思想一般"?皮尔士没有明确阐述什么是"思想一般",但他对"一般"的理解可以帮助我们理解前者。通常来说,皮尔士会将一般性等同于可理解性,但他也指出一般性是一种不确定性,这种不确定性体现为某种能力或倾向的不完全实现。因此,一般性也蕴含着可能性或潜能。在此意义上,皮尔士所谓的"思想一般"也可被理解为"潜在的思考"或"可能的思考"。

具体而言,从认知主体的方面来说,"思想一般"意味着一种主体的理解能力;从被认知对象的方面来说,"思想一般"意味着物自身的可理解性(规律性的东西)。一方面,我们可以设想,在一个不存在任何具体的认知者的世界中(例如在人类出现之前),由于事物自身具有可理解性(尽管还没有被理解),也就存在"潜在的思考",即"思想一般"。另一方面,我们也可以设想一个世界,其中存在一个认知者,而不存在任何其他可供他认识的对象(没有实际的认知活动),由于其自身具有理解能力,那么同样可以存在"潜在的思想",即"思想一般"。因此,无论是从认知对象还是从认知主体来看,"思想一般"都不依赖于任何具体的思考过程。

基于对"思想一般"的这种诠释,我们也可以对 DF_2 定义中的心灵独立性做出更好的解释。实在的独立性体现在,任何被称为实在的东西都独立于任何具体的个体或共同体对之的认识,独立于对之具体的认识也蕴含了独立于对之具体的认识方式(或证实方式)。"潜在的认知者"或"可认知性"提供了这种独立性。因为,作为一种"可能性",它不需要现实地(具体地)成为认知者或被认知者,也不需要进入现实的(具体的)认知过程。根据皮尔士对实用主义准则的诠释,"实在"可以用虚拟条件句的方式被表达出来:①

> X 是实在的,
>
> 在于,
>
> 如果条件 C 被满足,则(有关 X 的)现象 P 将会发生。

对皮尔士来说,这种假设性的命题作为一种无人称的、公共的、可通过无数检验的信念,就是在一个无限探究共同体中所形成的终极意见,尽管该意见的达成需要人们的共同参与,但是该意见的内容并不依赖于任何一个人或群体对之的构想。② 皮尔士甚至用"注定的"(destined)一词来形容这种不依赖于具体认知者意见的对象。他如是说道:"无论任何人是否想到它拥有这些特征,它都具有这些特征,这便是实在的……正如受道德理由控制的行为所倾向于的特定行为习惯,其本性并不依赖任何偶然的情形,在这个意义上可以说是被注定的。"③正如李斯卡曾提醒我们

---

① See EP 2: 401-402.
② See CP 5.311-312.
③ CP 5.430.

的那样,"'注定'一词并不意味着迷信或决定之意,而是意味着一个意见或信念不能被拒斥"①。皮尔士认为,就科学探究而言,尽管研究者可能持有不同甚至对立的意见,但是研究的进程会迫使他们最终达到相同的结论,这样一种思想进程的终点并不是我们构想出来的,而是一种不以人的意志为转移的必然结果。这对应着"独立于任何人对之的思考"的实在之定义。可以看出,实在的认知独立性主要体现在,"对之"的认识具有一种客观性和普遍性(不同于主观性和特殊性)。

实在虽然是一种认知特性,但是在"实在"概念的外延下,包含有实存之物或外在之物。在这个拓展的意义上,实在也包含外在性。由前面对实存的分析可知,实存之物是以一种个体性、事实性的方式而存在的,其典型特征就是作为一种蛮力的事实,它没有任何理由,不经过理性的解释,只通过作用与反作用而存在。这种存在方式是全然外在于心灵和概念的。最典型的实例就是人类诞生之前的物质个体,例如史前动物,尽管我们是通过一些人为的理论和工具来认识它们(对化石的研究)的,且古代人与现代人对这类动物有着不同的认识,但这类动物的存在并不会因为人类认识的发展而有所改变。我们可以设想未来有一天我们的考古学提出了新的意见,但意见也改变不了这些史前生物所经历的一切。根据 DF₁ 定义,这类实存之物或外在之物独立于具体心灵对之的认识,因此,必然也是实在的。

---

① Liszka, Jakob. "Community in C. S. Peirce: Science as a Means and as an End." *Transactions of the Charles S. Peirce Society* 14.4 (1978): 311.

在此方面,莱恩曾指出,这类具有外在性的实在("与某种外在于任何人心灵的东西相互作用"),恰恰是探究活动得以达成一致意见的必要条件。① 没有这种制约性的力量,思维将如脱缰的野马,虽然可以形成无限融洽的信念,但缺乏使之为真的指称内容。可以说,实在概念的这种外在性是认识客观性的前提,是我们可以"规范求真"的前提。如此一来,坚持独立外在性和可认知性的实在论实际上有包容符合论的可能性。

总言之,皮尔士的定义 DF,将 DF 中"独立于心灵的思考"这个条件变为"独立于具体心灵对之的思考",通过对"独立性"条件作出限制,实在概念能更好地被诠释为既是可认知的,又是独立(外在)的。由此可知,当代实在论中所强调的"独立性"和"外在性"在皮尔士的实在论中均得到保留,它们与可认知性并存不悖。

皮尔士的区分看似仅仅是在进行概念澄清的工作,但这项工作揭示出了当代强实在论与反实在论的讨论中存在的普遍预设:实在等同于外在、外在对立于心灵,因此,实在对立于心灵。皮尔士继承经院哲学的做法,将"实在"定义为"独立于任何具体心灵对之的思考"。基于这一定义,皮尔士区分了实在和实存、实在和外在这两对纠缠不清的概念,认为实在是一个具有认知特性的概念,独立于具体心灵对实在的认知,但并非必然独立于思维一般,而实存则是以蛮力作用为特性的概念,它与外在有着相同的外

---

① See Robert Lane, *Peirce on Realism and Idealism*, Cambridge: Cambridge University Press, 2017, p. 19.

延，独立于一切心灵对一切事物的认识。基于这样的区分，皮尔士指出，尽管所有实存之物都是实在的，但并非所有被称为实在的东西都是实存的；尽管所有外在之物都是实在的，但并非所有实在都是外在的。

可以说，皮尔士对待实在和外在的态度，既让他避开了简单的外在主义和内在主义之分，也避开了传统二元论面临的困境。皮尔士对实在概念的这一包容性阐释也可以用来说明为何对他的观点会有不同的诠释——他的实在概念确实包含了客观性和可认知性，但这些特征是以一种融洽的方式被包含在实在的内涵之中的。与此同时，皮尔士也提供了一种更易为人接受的实在论，这种实在论承诺了实在的可认识性，同时通过将实存和外在纳入实在的范围，确保了实在的独立性和外在性。

小结

大抵在 1903 年后，皮尔士开始着力发展其符号哲学思想。当把具有三元结构的符号与三个范畴的现象结合起来分析时，我们可以诉诸符号结构来描述现象，进而在符号活动中揭露现象中呈现的世界。我们看到，符号哲学与现象学的结合既将皮尔士哲学推向了成熟阶段，也有助于我们重新思考认识论、终极因、实在论以及真理论等问题。皮尔士同时诉诸对符号的分析来重新表述其实用主义思想，这将是下一章中讨论的内容。

皮尔士符号哲学的价值远远超出了本章讨论所涵盖的范围。

实际上，受皮尔士影响形成了别具特色的美国符号哲学（semiotics），这一强调符号具有三元结构的思想脉络与索绪尔强调符号具有能指-所指二元性的符号学（semiology）两相对垒。三元符号哲学收获了莫里斯、西比奥克、迪利等一批拥趸，他们将皮尔士的符号哲学发展和运用至对语义学、语用学、句法学、生物学、人类学等近乎所有方面的分析之中。然而，遗憾的是，这些提出诸多洞察的探究长期为主流哲学所忽略，我们不妨对之多加关注。

6. 实用主义

皮尔士一般被誉为实用主义(pragmatism)之父,然而,"实用主义"之名并非由首先皮尔士主动提出。实际上,皮尔士对实用主义的积极阐述更多源于詹姆士的促动。1898年,在加州大学伯克利分校举办的哲学联盟年度会议中,詹姆士作了题为"哲学概念与实践效果"(Philosophical Conceptions and Practical Results)的发言,首次在公众面前宣告了"实用主义"这个词,并将皮尔士视为该词的最初阐释者。[1] 随后,皮尔士开始更为主动地思考实用主义,并发现通俗的理解偏离了自己的原意。于是,在1903年以及1905—1907年间,皮尔士两度集中阐释实用主义,最终另造了"实效主义"(pragmaticism)这一"丑陋而免遭绑架"的名字以示其思想与流俗见解的区别。[2] 然而,如佩里所言,实用主义运动主要是詹姆士对皮尔士误解的结果。[3] 我们长期透过詹姆士的视角来理解皮尔士,这遮蔽了皮尔士的实用主义本身。本章的目的在于,对皮尔士的实用主义进行直接考察,重申其真实的蕴意,恢复

---

[1] See William James, "Philosophical Conceptions and Practical Results", in *The Pragmatism Reader: From Peirce through the Present*, Robert Talisse and Scott Aikin (Eds.), Princeton: Princeton University Press, 2011, p. 67.

[2] See EP 2: 334-345.

[3] See Ralph B. Perry, *The Thought and Character of William James Vol.2*, Boston: Little Brown, 1935, p. 407.

实用主义科学的一面。

施密特(J. A. Schmidt)曾梳理出皮尔士对实用主义的 61 次表述,指出其中至少有 13 处重要修正,以及 47 次实质重述。[①] 我们将在 6.1 节中尝试梳理出皮尔士对实用主义的四次重要表述,以期从总体上清晰揭示皮尔士对实用主义思考的发展。须澄清的是,我们无意将这四次表述视为皮尔士实用主义发展的四个实际阶段,而仅想窥探皮尔士思考实用主义的过程。皮尔士的第一次表述是在 1877—1878 年间,但这次表述渗透有心理主义的痕迹,这为下述常见的误解留出可能:将行动理解为个体的行动,从而将个体心理上的"满意"状态视为衡量行动成功的标准。在 1891—1902 年这个时间段,我们实际上可以阅读到皮尔士对第一次表述的零星修正,在这次表述中,皮尔士主要强调行动是集体性的(collective)而非个体性的,从而反对心理主义。在 1903 年的"实用主义哈佛讲座"的第三次表述中,皮尔士将实用主义视为规范科学的方法,视为一种逻辑(即外展推理)的原理,其中消除了所有心理主义的痕迹。1905—1907 年,在"一元论者"系列论文的第四次表述中,皮尔士直接拒绝将实用主义视为一种具体的、实践的哲学,而主张将实用主义视为探究普遍现象的科学方法,并尝试用符号哲学来进行表述。我们可以看出,皮尔士的数次表述均在远离心理主义,迈向共同体对一般现象的科学探究,因而皮尔士的实

---

① See Schmidt, Jon Alan. "Peirce's Maxim of Pragmatism: 61 Formulations." *Transactions of the Charles S. Peirce Society: A Quarterly Journal in American Philosophy* 56.4 (2020): 580–599.

用主义是一种提供普遍知识的科学的探究方法。重申皮尔士的实用主义将能为我们带来一种更为科学的实用主义。

基于对皮尔士的实用主义的澄清,我们将会发现皮尔士和詹姆士、杜威思想之间有着实质的差别。6.2节将分别讨论皮尔士与詹姆士、杜威之间的思想之别,以便更为清晰地凸显皮尔士实用主义的特征。

6.1 重申皮尔士的实用主义

6.1.1 1877—1878年:实用主义的诞生

1877—1878年间,皮尔士在《通俗科学月刊》(*Popular Science Monthly*)上连续发表了6篇总题为"科学逻辑的阐释"的系列论文。其中,皮尔士在《信念的确定》(The Fixation of Belief)(1877年11月)和《如何使我们的观念清晰》(How to Make Our Ideas Clear)(1878年1月)两篇文章中首次谈论了实用主义方法(尽管那时还未使用"实用主义"这一名称)。在后一篇文章中,皮尔士的下述表述被视为宣告实用主义诞生的"实用主义的原理":

> 考虑一下,我们构想的概念的对象可能有什么可构想的实际后果的效果,那么我们对这些效果的构想,就是我们对这个对象的所有构想。①

---

① EP 1: 132. 我们此处有意将该表述中的英文词"conceivably""conceive"以及"conception"均译为"构想",缘由在于,皮尔士晚年解释过这里他有意用(转下页)

根据实际效果来理解对象,进而有效地行动,皮尔士的这一理解主要旨在提供一种确定概念的意义的方法,进而"确定信念"。"信念指引我们的欲望,塑造我们的行动",尽管一个信念并不必然导致一个现实的行动,但它会"形成我们如何决定行动的习惯",并让人进入一种平和的、愉悦的稳定状态。① 当怀疑一个推理结果时,我们会进入一种不安状态,做出进一步的推理,直至这种不安被消除。信念导致行动,疑惑则导致进一步的推理。皮尔士将从疑惑到信念的过程称为"探究",探究的唯一目的就是确定信念。②

我们由此可以得出皮尔士 1878 年版实用主义的**第一个特征**:实用主义强调知与行的合一,知识由可以成功引导行动的信念构成,而行动的实践层面会带来新的经验输入,从而推动信念的调整和知识的发展,知与行因此处在动态互促的过程之中。皮尔士的这一理解迥异于笛卡尔式二元论的认识论框架,进而构成了其实用主义的**第二个特征**:反笛卡尔主义。皮尔士否认我们具有下述四种能力:第一,对内在知识或认知(信念、想象、感觉等)的直观能力;第二,对任何知识的直观能力(不依赖之前的知识);第三,不使用符号来思考的能力;第四,具有绝对不可知概念的能

(接上页)了 5 个 *concipere*(conceive 的拉丁语的屈曲形式,意为"去构想")的派生词,其目的有二:一是表明这里谈的是"理智意图"(intellectual purport)的意义,二是避免以知觉、印象、图式等非概念的东西来解释概念。(See CP 5.402.)
① See EP 1: 114.
② See EP 1: 115.

力。① 实际上,皮尔士以笛卡尔主义为攻击目标,拒斥笛卡尔式的下述构想:我们具有清楚、明白的观念和自我意识,因此具有直观能力,我们可以借以直接得出知识。这些攻击体现在皮尔士对下述 7 个问题的否定上:②

(1) 是否可以通过对认知的简单沉思,而不依赖任何在先的知识,也不通过符号进行推理,我们就能正确地判断这种认知是否被之前的认知所决定,或是否直接指示对象?

(2) 我们是否具有对自我意识的直观能力?

(3) 我们是否具有区分不同种类认知的主观要素的直观能力?

(4) 我们是否具有关于内在世界知识的内省能力,还是说这类知识都是来自对外部事实的推理?

(5) 我们是否具有不用符号即可思考的能力?

(6) 若某个符号被定义为绝对不可知物的符号,那么它是否还具有意义?

(7) 是否有认知不被它之前的认知决定?

相较之下,皮尔士认为所有的知识都处在连续的推理过程之中,思维诉诸的符号也只在一系列的推理中方能获得其意义,作为思维结果的知识也必然展现为一个推理的网络。③

---

① See EP 1: 30.
② See EP 1: 28 – 55.
③ 需要强调的是,切勿从皮尔士这里对推理的强调直接导出布兰顿式的推理主义(参见布兰顿:《阐明理由:推论主义导论》,陈亚军译,复旦大学出版社(转下页)

我们由此得出皮尔士实用主义的**第三个特征**：反基础主义。知识是在推理的网络中呈现的，我们因此无须诉诸某种绝对不可知的物自身或自在之物作为知识产生的基础。如果我们的知识、概念和信念均处在一个推理的网络中，那么不与任何概念和知识发生关系的东西根本就是不可构想的。若物自身意味着绝对不可知，那它就无法作为任何概念和知识的推理前提，也就根本无法存在于我们的概念网络中。故而，我们不需要物自身。

我们不具备直观的能力，但我们有着在行动中确定信念的能力。我们不必诉诸固执、权威以及先验的方法，而应诉诸科学的方法来获得清晰的思维，做出明确的推理。皮尔士对固执、权威、先验以及科学的方法作了如下界定：①

（1）固执的方法：也即像鸵鸟一样将头埋在地里，而对危险（疑惑）视而不见的方法。对于很多"意志坚定的"个体来说，该方法可以让他形成信念，并且以此塑造他的行动。

（2）权威的方法：第一种方法并不适用于集体，或众多个体，因为每个人都坚持自己的信念，那么将不可能有沟通和合作，权威的方法就是借国家或其他机构的力量，以教化或强制的方式让人们持

（接上页）2020年版）。因为在布兰顿那里，推理的有效单位是成熟的概念，而皮尔士的推理网络实际上是符号的网络，布兰顿式的概念仅具有意义—指称的二元结构，而皮尔士的符号则有着表象载体—对象—阐释项的三元结构，故而推理展现的网络是迥然不同的。此外，布兰顿所谓的推理是使用语词的形式有效推理，而皮尔士所说的推理还包含了实质有效的外展推理。基于这两点主要认识，我们拒斥认为皮尔士哲学中包含了语言转向的立场。

① See EP 1: 115-123.

有一种信念的方法。

（3）先验的方法：这种方法并不依赖个体，不依赖集体，也不依赖经验事实，而是诉诸"理性"，也即通过设定一些我们认为合乎理性的公理，进行演绎从而确定信念。

（4）科学的方法：通过设定一种外在于我们认知的实在，来约束不同的个体、群体以及思维框架做出推理，并最终获得一致的结论。

对于这四种确定信念的方法，皮尔士承认前三种并不是毫无用处，但最合理的仍然是最后一种方法，因为只有通过这种方法获得的信念才是最确定的。第一种方法局限于个体，第二种方法局限于群体，第三种方法则局限于"被承认的"道理，如此得到的信念都只能是部分的确定。更重要的是，这三种方法均无法提供一种信念动态发展的图景。相较之下，科学的方法恰恰就是通过不断地试错，以及在不同的视角下不断地比较，来更新信念（知识）以达到最终的和谐（一致）。

以科学的方法来确定一个信念，意味着我们必须对这个信念进行充分的"推理"，在不同的视角下以及不同的场景中看看它到底会导致哪些后果和行为，只有当在所有的情况中，它产生的后果和行为都驱使我们做出一致的推理时，这个信念才会获得确定性。这意味着，我们在现实中获得的确定性永远都只是近似的，因为我们无法穷尽所有的可能。

然而，根据1878年版的实用主义准则，一个概念所造成的所有可能的实践效果就构成了该概念的所有含义。皮尔士此时所说的效果侧重于实际的、可感的效果,并且尤其是人们的实践行动。这为人们**误解皮尔士**带来了可能:我们可以关注个体的行动,以及在个体心理感觉的意义上来理解效果。实际上,皮尔士后来也多次懊恼自己1878年表述中的不慎,并多次修正自己对实用主义的表述。但我们不能忽视皮尔士这次表述中包含的另一个更大的意图,即提供一种逻辑方法以促进科学探究活动,这带来了我们需强调的皮尔士1878年版实用主义的**第四个关键特征**:实用主义是一种科学的探究准则,旨在帮助探究者专注于科学概念和理论的实际意义,而不至于迷失在术语的迷宫之中。

此外,还有值得强调的**第五个关键特征**:实用主义提供了第三级或最高的清晰性。根据皮尔士的界定,第一级清晰性是指人们因为对该概念或观念的熟悉而能识别该概念。这种清晰性仅仅需要一种熟悉的感觉,它甚至不需要我们真正理解这个概念。第二级清晰性出现在通过对抽象定义的分析而把握一个概念的含义之中。第三级清晰性就是以实用主义方法考察一个概念而得到的清晰性。要获得这类清晰性,仅仅能够识别出某个概念以及给出一个明确的定义,都是不够的,我们还必须知道该概念所能导致的实践后果。由此观之,实用主义不仅要求我们在感性上熟悉对象、在理性上把握相关概念的意义,还要求我们在行动层面来把握,这实际上回到了知、行合一的第一个特征。

在皮尔士后期的讨论中,他进一步解释了这三种清晰性。其中,第一级的清晰性是一种熟悉感,也即感受,是属于个体主观领域的清晰性;第二级的清晰性与抽象定义相关,是一种逻辑分析的结果,属于某个理性共同体"承认"维度上的清晰性;而第三级的清晰性则依赖对所考察概念的有效推理,并可将之运用于解决实际的困难或问题,这既不属于主观个体,也不依赖特定团体,而是依赖客观的科学探究活动所得出的一致结论。① 我们看到这三种清晰性所包含的范围依次从主观到主体再到客观,从个体到共同体再到无限共同体。这种逐步递进的形式便是皮尔士所描绘的科学探究所发展出来的形式。在这幅图景中,我们不难看出实用主义方法所产生的第三级清晰性无疑具有最高的优越性。不过,皮尔士同时也说道,我们并不能说第三级的清晰性可以取代第二级和第一级的清晰性,因为从我们的成长经历和日常生活来看,前两种等级的清晰性是极为有用的,而最好的是这三种清晰性都能得以发展——熟练而准确地运用概念。

总结而言,皮尔士1878年的实用主义版本拒斥笛卡尔主义的二元论框架、反驳基础主义,强调将实用主义视为一种科学探究的方法,其中,在知与行达成的动态统一中,科学的知识达成了对概念意义的最高等级的清晰理解。然而,皮尔士的这次表述容易让人根据个体的行动以及个体的相关心理状态来理解实践效果,从而招致心理主义以及实证主义的误读。如潘磊所言,"皮尔士早期的探究理论可被视为反驳笛卡尔基础主义认识论的一种

---

① See CP 3.457.

心理学上的基础"①。消除心理主义的嫌疑,强调科学的逻辑特征,这构成了皮尔士后来数次表述的一个总的目标。

6.1.2 1891—1902年：对实用主义的零星修正

1903年3月至5月,应詹姆士之邀,皮尔士在哈佛作了总题为《哈佛实用主义讲座》的7次讲座。皮尔士借机结合规范科学对实用主义作出了重新表述。但在此之前,皮尔士有过一些零星的相关思考,我们可从皮尔士的澄清中挖掘出他后来详加阐释的一些思想。

首先,皮尔士有着明确的反心理主义立场,认为我们绝不能根据个体的思维和感觉来衡定科学探究的成败。1890年,詹姆士出版了两卷本的《心理学原理》(*The Principles of Psychology*)。1891年,皮尔士写作了一篇书评,其中评论道:"詹姆士教授的思想有着很高的原创性,至少有着很强的新意;但这种原创性是具有破坏性的那类。"②詹姆士试图排除掉心理学中某些先验要素,以使其保持在自然科学的范围内。在这个意义上,皮尔士与他的立场是一致的。但二者的分歧在于,皮尔士不认为保证心理学的科学性必然要求将其研究对象限定为个体的心理过程或现象,恰恰相反,如果心理学要成为科学的话,那么它必然要研究一般性的对象(例如,概念和假说等)。③ 此外,皮尔士也将行动的成功

---

① 潘磊:《符号学视域下的皮尔士哲学思想研究》,中国社会科学出版社2022年版,第139—140页。
② W8:232.
③ See W8:232-233.

而非个体心理感觉上的满足视为衡量实践有效性的标准,这也体现了二者思想上的差别。

其次,1893 年,皮尔士开始思考伦理学与逻辑学这两种规范科学的关系。在相关的讨论中,皮尔士明确指出个体心理上的满足不是行动的目的,"个体的行动是一种方法而非目的。个体的愉悦不是我们的目的。我们均在追求一个目的,但只能瞥见这个目的,我们从未能抓住这个目的——我们需要一代代人的努力来实现这个目的。但是,我们可以从对具体思想的发展中看出这个目的是什么"。[①] 科学的探究有其朝向的目的,该目的超越于所有现实的个体,我们仅能对之做出一般性的(general)描述,而迈向这个目的的过程则需要一代代科学共同体的努力。

再次,1896 年,皮尔士在对詹姆士于是年出版的《信仰的意志》(*The Will to Believe*)一书的评论中进一步明确到,我们绝不是根据个体的反应来理解概念的意义,而是根据共同体对目的的一般描述来确定意义。詹姆士在《信仰的意志》题词中将该书献给他的老友皮尔士。然而,皮尔士似乎并未因此感到开心,他在评论中做了以下几点批评:(1)詹姆士把实用主义的方法扩展得太远,我们需要停下来进行反思;(2)詹姆士未能看到,行动自身有着超脱于个体心理的目的,我们仅能对这类目的做出一般性的描述,而诉诸实用主义准则,我们获得的是对一般观念的理解;(3)所以,概念的意义根本不在于个体的反应,而体现于那些反

---

① CP 5.402, n.2. See also Vincent Potter, *Charles S. Peirce on Norms and Ideals*, New York: Fordham University Press, 19967, p. 53.

应如何促进理性(reasonableness)的发展。① 皮尔士的实用主义根据共同体而非个体的行动来获得一般性的理解,这在波特看来,皮尔士实际上开始为实用主义引入了规范的功能,实用主义是一种在规范共同体范围内对一般现象进行科学阐释的方法。② 我们将在对1903年表述的讨论中明确看到实用主义的规范特征。

最后,1898年,皮尔士在剑桥讲坛系列演讲中这样写道:"除非自然界中一直有某种逻辑过程,借此能产生那些自然法则。因此,我们必定不能提出那些将会绝对阻止探究的假说,这是'推理第一法则'的推理。由此可以推出:我们一定得希望,在自然界中是可以发现这样一种有法则进化的逻辑过程的,而且我们科学人的职责就是要寻找此种过程。"③科学探究是对此类法则的探究,实用主义作为探究这类法则的方法,无疑无法仅仅在个体的行动和心理感觉中找寻依据。宇宙必然是有序的,万物均有着获得某种习惯的倾向——需要注意的是,皮尔士在非常宽泛的意义上使用"习惯"一词,它泛指一切事物重复已经发生过的活动模式的倾向。④ 我们行动的习惯亦有着普遍性的意味,习惯绝非指个体心理上的倾向。

---

① See CP 5.3.
② See Vincent Potter, *Charles S. Peirce on Norms and Ideals*, New York: Fordham University Press,1997, p. 53.
③ 皮尔士:《推理及万物逻辑:皮尔士1898年剑桥讲坛系列演讲》,张留华译,复旦大学出版社2020年版,第249页。
④ See CP 1.409.

总结而言,从皮尔士上述零星的讨论中,我们可以看出,皮尔士拒绝根据个体的行动和感觉来理解概念的意义,实用主义作为一种科学的探究方法,旨在诉诸共同体的行动来提供概念的一般意义。我们将在他接下来的两次表述中更为清楚地看到皮尔士对这些思想的阐释和推进。

6.1.3 1903年《哈佛实用主义讲座》:作为规范科学方法的实用主义

1903年,皮尔士在《哈佛实用主义讲座》中主要阐释了他对规范科学(包括逻辑学、伦理学以及美学)和实用主义的理解。皮尔士的这次表述主要有着下述几点特征:(1)他将实用主义视为所有规范科学的方法;(2)将外展推理视为实用主义的逻辑,皮尔士的具体讨论着眼于知觉判断的情形;(3)实用主义亦可用于分析现象。在1905—1907年的第四次表述中,皮尔士主要诉诸符号来分析现象,从中得出实用主义的原理,故此我们将(3)留待下一节再议,本小分节主要讨论(1)和(2)。

关于(1),皮尔士将实用主义准则改述为:

> 每个在陈述语气下表达的理论判断都是思想的混乱形式,它的唯一意义(如果有的话)在于,倾向于强制给出一种相应的实践原理,该原理的形式是条件句,并以祈使语气的方式给出结论。①

---

① EP 2: 135.

虚拟条件句形式的陈述意味着，我们根据"准备如何做"（例如，如果X，那么Y）来理解思维，这实际上是对"如何思维"的逻辑探究。然而，如我们在3.1节的讨论中阐述过的那样，逻辑学本身不会提出我们为何应当以合乎逻辑的方式进行推理这一要求，这一要求"源于"伦理行动上的自控要求，进一步地说，伦理上自控的行为所要达成的最终目的是至善，这又进入了美学的领域。规范科学的"规范性"在于，它们是对"应当之是"（what ought to be）的探究①，均与某种有目的（end）或目标（purpose）的行动有关，与人们如何达成其目标有关，其中涉及自控的推理活动，而"规范科学就是探查从现象到目的这一过程中蕴含的法则关系的科学"②，是对"应当"的探究。逻辑学与求真之目的有关，伦理学与求善以及正确行为的标准有关，美学则与至善之美有关。③ 在规范科学的探究中，我们需诉诸的推理方法之一便是外展推理，下文对（2）的讨论将会具体阐释这一点。我们也将看到，实用主义恰有着外展推理的逻辑形式，就此而言，实用主义成为探究所有规范科学的方法。

然而，在皮尔士1903年的表述中，我们看到的更多是实用主义与逻辑学的关联。根据皮尔士自己的说法，他在1883年才开始认识到伦理学的重要性，但直到1899年才正式确认伦理学是一门规范科学。在1894年左右，皮尔士开始确认逻辑学与伦理

---

① CP 1.281.
② CP 5.123.
③ See CP 5.121.

学有着密切关联。至于伦理学和美学,皮尔士坦率承认他对此的相关思考远没有他在逻辑学上的思考那般成熟。甚至到了1903年的《哈佛实用主义讲座》,皮尔士还仅是倾向于认为存在着美学这门规范科学,但对此尚不是十分确信。① 故此,我们的讨论将主要"从逻辑的视角看"。

仍就虚拟条件句而言,以条件句形式表述的行动仅能在一定程度上成功,这意味着在 X 的情况下,Y 会以一定概率发生。关于概率,皮尔士解释道:"如果概率有什么意义的话,那么我们便有必要具体说明它所指向的事件的种和事件的属之间的关联。"② 于是,概率表述的是事件的种属关系,而非单次事件之间的因果关系。就此而言,皮尔士的实用主义关心的是事件之间的普遍关联,它们在实践中呈现的效果故而亦不指单次发生的现象,我们的实践理解有着更为普遍的求真、求善、求美的目标。实际上,皮尔士还论及事件之间的模态关系,"长远地看,也就是说,它也将指向发生(occurrences)的无穷序列,这些发生的事件都在可能经验之中"③。皮尔士将对可能事件的呈现交付给未来,实用主义视角下的行动意味着不仅探究现实如何行动(will act),也探究将要如何行动(would act),从而使得行动更为"科学"。

关于(2),皮尔士给出了他对实用主义的另一个著名的表述:

---

① See EP 2: 200, CP 2.198, 5.111, 5.129; See also Vincent Potter, *Charles S. Peirce on Norms and Ideals*, New York: Fordham University Press, 1997, p. 52.
② EP 2: 137.
③ EP 2: 138.

> 概念的每一要素走进知觉之门而进入逻辑思维的空间,而后走出包含目的的行动之门;在这两道门外,无法提供证件的一切要素均会被理性视为无效而遭到扣留。①

知觉之门和行动之门为理性的理解设置了两个标准:概念的要素需在知觉处被有效捕捉到,而后带来行动上的成功。我们从对(1)的讨论中看到,行动中包含着普遍的目的,知觉判断因此须有着普遍的效力。那么,知觉判断如何获得其普遍形式?皮尔士的方案正是诉诸外展推理。皮尔士认为,外展推理与知觉判断之间没有明确的界线,唯一不同的地方仅仅是,前者是可批判的,而后者是不可批判的(不可批判意味着不受控制)。外展推理的典型特征是通过引入普遍规律而以假言判断来解释特定现象,如此一来,知觉判断中的普遍要素可由同样的过程引入,只不过引入的是普遍概念而非普遍规律。关于知觉、外展推理和实用主义,皮尔士的立场可以总结为以下几个命题:

(1)知觉是自控的前提,而自控是认知的开端。

(2)如果不能诉诸外展推理给出知觉判断,那么觉知将会逃脱解释。

(3)外展推理是一种对现象做出假设的推理,这种推理受限于逻辑,而非基于主观的心理感觉。

(4)实用主义准则完全包括了外展推理的逻辑。

---

① EP 2: 241.

6. 实 用 主 义

关于(1),皮尔士指出,"知觉判断是一个过程的结果,但我们尚未能充分意识到进而控制该过程,故也无法对之做出更真实的描述;我们无法控制这一过程,所以无法充分意识到它","但自控是区分推理过程和形成知觉判断的那一过程的标志,任何形式的自控都是纯粹的抑制。自控没有其他来源"①。在知觉判断中②,概念的要素偶然地、任意地呈现在意识中,这些要素只有在自控的行动中才能被捕捉到。缺乏自控的地方将是知识的荒原,而将捕捉到的要素纳入理性理解的操作时,我们诉诸外展推理的逻辑方法来对之做出解释,故而,关于(2),"如果觉知或知觉判断本质上完全无关乎外展推理的话,那么觉知将会失去所有特征,从而无法对之做出任何恰当的解释"③。

关于(3),"外展推理是提出一种解释性假设的推理。它唯一的逻辑上的作用在于引入新的观念"④。引入的新观念体现的是对新经验的理解,其中包含了对法则的运用和阐明。我们已经多次阐述过外展推理的特征,在此不妨再度提供其形式以供下文分析之用:

观察到一个令人惊奇的事实 C;

如果 A 是真的,C 就理所当然为真;

---

① EP 2: 227, 233.
② 在皮尔士这里,知觉判断指的是知觉性的判断,而非我们通常理解的对知觉做出的判断,故而知觉判断不是我们给出清晰命题时做出的判断。
③ EP 2: 229.
④ CP 5.171.

因此，有理由推测 A 是真的。

外展推理中的"假设"往往是作为一个规律或法则引入的，其目的是解释令人惊奇的现象，这个假设是否真的可被接受，则取决于它的解释效果，也就是说，外展推理所设定的"规律"的有效性是从它演绎出的后果那里得到支持的，这与实用主义主张概念的意义由其产生的实际效果来解释有着一致性。这是皮尔士将实用主义与外展推理等同起来的一个主要理由。我们由事实 C 这样的知觉材料，提出"如果 A，那么 C"这样的假设，而后得出关于 A 的全新认知，就此而言，外展推理也是一种将外部感性材料直接纳入内部理性视野的扩展性的、综合的推理。C 进入了知觉之门，而后 A 推开了行动之门。皮尔士指出，外展推理的假设"是一种对现象的解释，一种带来希望的暗示；此外，至少在逻辑学的范围内看，实用主义不应该被理解为提供心理学上的命题"①。根本而言，在皮尔士那里，做出假设的依据不是个体的心理感觉，而是从遵循宇宙法则的应对世界的行动中演化而来的本能和理性，外展推理用我们的理解之光逐渐照亮世界的面目。

最后，关于（4），皮尔士总结道："因此，实用主义准则，如果它是真的，那么它完全包含了外展推理的逻辑。"②皮尔士将实用主义准则视为外展推理逻辑的理由主要有以下几点：（1）二

---

① EP 2: 234.
② EP 2: 235.

者都依赖经验观察；（2）二者在形式上具有一致性，前者是从概念到效果，后者是从假说到事实；（3）二者的目的具有一致性，都是提供一种有效的科学探究方法；（4）二者都需要承认一种实在的一般性和可能性。遵循着实用主义准则，人们在无知之处提出假设，然后经由实验的反复验证，修正和完善假设，向着真理推进。

总结而言，在皮尔士对其实用主义的第三次表述中，其实用主义旨在为我们提供关于现象的普遍理解，诉诸外展推理的逻辑方法，它促动着我们进行包含目的的行动，此类行动绝非个体的行动，而是科学共同体的普遍的探究活动。皮尔士的实用主义是一种更科学的实用主义。

6.1.4 《一元论者》系列论文：符号实用主义

1905—1907年间，皮尔士在《一元论者》(*The Monist*)杂志上发表了以"实用主义"为主题的系列论文。这一期间，皮尔士还有一些准备发表但最后没有发表的手稿。皮尔士对实用主义作了集中的思考，在重论其实用主义关键特征的同时，也首度透过符号对现象的分析来阐释实用主义准则。

皮尔士对当时关于实用主义的一些理解进行了反驳。首先，皮尔士反对将实用主义视为实践主义（practicism 或 practicalism），这源于他对康德哲学的继承。皮尔士强调道，在康德那里，实践的（praktisch）和实用的（pragmatisch）有着截然不同的意蕴，前者属于思维的先验领域，任何类型的后验实验均不能为之奠基，我们仅能对此类实践进行理性的批判,后者则与人类具体的目的有关,因此是行动的领域。① 我们将在6.2节的讨论中看到,这里隐藏着皮尔士和詹姆士思想间的一个区别。其次,皮尔士继而强调道,在实用的行动中,理性的认知和理性的目的是一枚硬币的两面,这是实用主义的关键特征,也是实用主义得名的缘由。② 最后,皮尔士的实用主义绝未强调个体心理经验的作用,这使得他有别于詹姆士,也未片面强调人类主体在认识世界中有着核心位置,这使得他有别于席勒(F. S. Schiller,1864—1937)。为了区分自己版本的实用主义与其他理解的实用主义,皮尔士只能放弃实用主义之名,另造一个丑陋但免于遭人绑架误用的新词,即实效主义(pragmaticism)。③ 我们下文将使用实效主义一词来指皮尔士第四次表述的实用主义。

此外,皮尔士也再度强调自控的重要性,"只有在自控可能的前提下,才可能自责",但"我的实用主义与感觉的属性完全无关,这使得我能够认为——仅能根据它们似乎如何来断定这些属性是什么……"而事物"似乎如何"的呈现即是现象,于是,我们分析的对象是现象。④ 皮尔士进一步强调了两个要点:一是"人绝非个体,他自言自语的思维亦是在向时间之流中呈现的另一个自我的言说",二是"当人开始推理,即作为一个批判的自我而试图说

---

① See EP 2: 332–333.
② See EP 2: 333.
③ See EP 2: 334–335.
④ See EP 2: 337, 401.

服时,所有的思维都是通过符号进行的,语言的本质也大抵如此"①。简言之,人绝非孤独的个体,人有着社会的本性,人是通过符号思维的,人透过符号来思维现象。

在诉诸符号思维现象时,实效主义的入场方式是,人们通过实验对现象做出探究,从而带来意义,而实效主义的旨趣在于,提出假设、澄清意义、带来理解。这里有三个需要强调的要点。第一个要点是实验探究的对象是指一般现象而非具体的事件,实效主义仅谈论一般类别的实验现象(general kinds of experimental phenomena)。皮尔士写道:"当实验者谈论现象时,他不是指在僵死的过去发生在某人那里的具体事件,而是指一定会在活生生的未来发生在所有人那里的、满足一定条件就会发生的事件。现象体现在这样的事实中,如果实验者根据心中的某种图型而行动,那么即便其他事情发生,他也会打消心中怀疑论的疑虑……"②现象诚然有着丰富的感性属性,但实效主义"其旨不在界定语词和一般观念在现象上的等价物,相反,实效主义要消除感性要素,努力界定理性的要旨,发现所讨论的语词或命题承载着怎样的目的"③。这引致了第二个要点,即实效主义旨在提出对一般现象的理解,澄清相关语词或命题的意义。然而,第三个要点是,实效主义此时试图阐明的实际上是符号(sign)的意义,也即该符号所承载的最终目的,而非1878年版本中的概念(conception)的意义。皮尔士对实效主义有着下述表述:

---

① EP 2: 338.
② EP 2: 340.
③ EP 2: 341.

所有符号的整个理智意图都体现在理性行为的所有一般模式中,这些意图具体是什么,取决于其有着怎样的情境和欲望,在接受一个符号后,这些意图就会随之而来。①

我们不妨将诉诸符号的对实用主义的阐释称为"符号实用主义"(semiotic pragmatism),②为此我们有必要对符号进行简单介绍。

皮尔士在其生涯的最后十几年中,花了大量的时间来阐释和发展他的符号哲学。他对符号的一个定义是,"一个符号(sign),或表象载体(representamen),是一个第一性存在,它在一个真实的三元关系中联系着一个第二性的存在,即它的对象(object);因为(符号)能够决定一个第三性存在,即它的阐释项(interpretant),这也让阐释项获得了与其对象的一个三元关系"③。在这个定义中,皮尔士揭露了符号的下述三元结构:

图表 6-1 符号三元结构的两种图示

---

① EP 2: 402.
② 关于符号实用主义的讨论,可参见周靖:《超越心灵与世界的界限——从皮尔士符号哲学出发建构的符号实用主义》,载《科学技术哲学研究》2022 年第 5 期,第 46—53 页。
③ CP 2.274.

从因果关系的角度来看,这里的对象规定符号,符号规定阐释项,对象间接规定阐释项。换句话说,对象产生符号,符号产生阐释项,对象间接地产生了阐释项。符号就是连接对象和阐释项的中介。若将皮尔士关于"思想是符号"的论点带入进来就有:思想是对象和阐释项的中介。皮尔士解释道:"那么,请允许我说,每个思想都是一个符号。现在,符号的基本性质是,它在它的对象和它的意义之间起中介作用,而对象被认为是规定符号的东西,并在某种意义上是它(符号)及其含义的原因。对象和阐释项是每个符号的两个相关项……对象是符号的前因,阐释项是符号的后果。"①皮尔士又提出,符号的意义就是其阐释项。② 于是,符号的含义就是符号所产生的后果,也即阐释项。

然而,何谓阐释项?皮尔士这里的阐释项无疑是与心灵或思想密切相关的,因为心灵是能够接受符号的一个典型主体。一个符号的阐释项就是该符号在一个人的心灵中产生的效应。但并不是心灵中的所有效应都能被视为符号的意义。皮尔士分析道,符号可以在主体那里产生的效应诸如情绪(或感觉)和行动,前者是在听某段音乐(符号)时所产生的效果,而后者是像"放下武器"这种命令式语句的符号所产生的具体效果(放下武器的具体行动),这两个效果都不构成理智概念的含义或符号的理智意图。符号的理智意图专指那些相关于"习惯-改变"(habit-change)的心灵效果。这是一种针对行为的习惯性倾向的效果,而不是单独

---

① MS (R) 318: 328 – 332.
② See EP 2: 218.

的个体行为本身。我们在符号实用主义中再度看到"一般模式"真正意指的普遍性。

符号实用主义将符号的可理解含义(对应之前的"概念")解释为它所产生的阐释项,也即那种对习惯产生影响的效果。在皮尔士看来,一个符号的阐释项本身也可以作为一个符号去规定另一个阐释项以指向同一个对象,如此延绵直至无限。[①] 也就是说,一个符号的理性含义将由它所造成的无限阐释项网络(另一方面也是符号网络)构成,而这无限的阐释项网络也就是无限的习惯性倾向,也即是"将会"如何行动的可能性。如图表6-2所示:

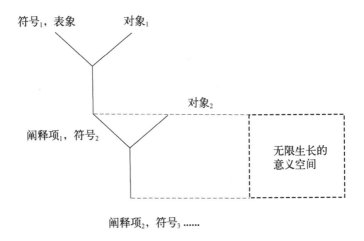

图表6-2 作为后果的阐释项

符号实用主义是对无限生长的意义空间的探究,一个符号的效果是它所产生的阐释项,而实用主义所关注的效果即是逻辑阐释项

---

① See CP 2.303.

(logical interpretant)。在此,我们有必要对逻辑阐释项做出一定的解释。皮尔士似乎区分了最终阐释项(ultimate interpretant)和逻辑阐释项,在1907年的一份长篇手稿中,皮尔士说道:

> 在确定这种效果的本质之前,为它取个名称将有利于下文的讨论,我将称它为逻辑阐释项,但还没有确定这个术语是否应扩展到一般概念的含义之外的任何东西,尽管肯定与此密切相关。我们是否应该说,这种效果可能是一种思想,也就是说,一种思想符号?毫无疑问,它可能是这样的;只是,如果这个符号是理智型的(因为它必须是),那它本身必须有另一个逻辑阐释项;所以它不能成为该概念的最终阐释项。可以证明,唯一可以这样产生的、不是符号而是具有普遍适用性的心灵效果是习惯-改变;习惯-改变是指一个人由以前的经验或以前的意志或行为的发挥,或由这两种原因的复合体,所导致的行动倾向的改变。①

然而,在同一份手稿的其他段落中,皮尔士似乎又直接将习惯-改变的效果归为逻辑阐释项:

> 现在有必要指出,有三种阐释项……我把它们称为情绪阐释项、能量阐释项和逻辑阐释项。它们分别由感觉、努力和习惯—改变构成。②

---

① CP 5.475-6.
② MS [R] 318: 43.

皮尔士的模糊表述给很多研究者造成了不少的困扰。例如,肖特认为我们应该区分逻辑阐释项和最终阐释项,而张留华则在他的分析中对这两个概念不作区分。①

我们认为皮尔士的文本是支持这一区分的,而且这一区分对于理解实用主义所谓的效果而言至关重要。皮尔士所说的逻辑阐释项的内涵是一个符号在理智方面造成的效果,而他所说的最终阐释项的内涵是一个符号在理智方面造成的习惯效果。前一种效果与后一种效果之间并非排他关系,而是包含关系。若我们将"钻石是自然界中最硬的物质"这个命题作为一个符号表达,那么它将会在我们心灵中产生什么样的效果呢?首先,它无疑会产生另一相关的陈述命题,例如"玻璃没有钻石硬",这是它的逻辑阐释项,这个逻辑阐释项本身也是一个符号表达,可以产生进一步的阐释项。其次,"钻石是自然界中最硬的物质"这个符号表达也可以产生一个与行动相关的条件句命题,例如"如果我们拿钻石去划玻璃,玻璃将会被划破",这个条件句命题才是最终阐释项,因为,该命题包含了一种"联系"(association)或联系的改变,而这正是皮尔士所说的习惯或习惯-改变。逻辑阐释项可以产生进一步的逻辑阐释项,也可以产生最终阐释项。可以看出,习惯-改变亦可被理解为一种逻辑阐释项,而不是情绪阐释项和能量(或动态)阐释项。与此同时,习惯-改变亦是一种最终逻辑阐释项,这是因为,习惯是作为逻辑阐释项的最终效果,而不是中间效

---

① 参见张留华:《皮尔士哲学的逻辑面向》,上海人民出版社2012年版,第237页。

果而存在的。在皮尔士看来,"习惯"有着非常丰富的内涵,这一点我们早在本书第一章的讨论中便已指出过。习惯,不仅指人类的思维和行为习惯(尽管这是它最典型的示例),还包括自然界的任何规律性活动。就实用主义准则所关注的人类的理智层面而言,皮尔士直接将习惯等同于信念。这是因为,人们的理性活动都是基于信念的活动,所持有的信念为"该如何行事"提供了行动上的指导和反思的基础。在皮尔士的理解中,自然界中的习惯则是运作着的规律,其所具有的条件句形式"如果……那么……"让我们对世界的认识得以可能,也让我们对未来具有一定的预测能力。

按皮尔士对符号的理解,一个符号的逻辑阐释项是多种多样的,而其最终阐释项则只有一个,前者是散发的,后者是收敛的。从逻辑阐释项到最终阐释项的过程可被视为"阐明"一个符号或概念的过程,也即推理的过程,更进一步说是从"行"到"知"的过程。阐释可以有不同的起点和视角,而如果被阐释的东西是有意义的、真实的,那么所有的阐释都将拥有一个共同的倾向,最终获得一个"习惯"。这也正是皮尔士的符号获得如何避免任意的符号解释的缘由。换句话说,只要"解释"得足够久,演绎得足够长,实用主义准则表明最终将会得到一个一致的效果,达到最后的统一的科学认知。

此外,符号的解释虽有获得最终阐释项的趋势,但这并不是必然的,从逻辑阐释项(符号)到最终逻辑阐释项(习惯)的过程充满了偶然性。这种偶然性既来自解释者的局限性,也来自符号或世界本身的潜在可能性。前者即是皮尔士持有可错论的原因，而后者则是指皮尔士演化论中所谓的实在可能性（real possibility）。根据实用主义准则，我们对符号意义的把握依赖于我们对它所产生的阐释项（逻辑阐释项）的认识。然而，我们的认识或知识并不是完全确定的，即便我们通过建立一个"完美"的科学团体从而避免了人为的错误，我们仍然避免不了所获得的信息仍然是有限的这一事实。这种局限性来自世界本身的源头——还存在着未被现实化的可能性，世界并不仅仅受机械法则所掌控，还存在着真正的创新性，换句话说，**演化尚未完成，世界仍在生成**。

总结而言，根据符号实用主义，皮尔士关注的对象是一般现象，而不是具体心灵的对象。实践的效果并非具体的行动或事实，而是行动的一般倾向和事实的一般类型。作为一种方法论，符号实用主义使得可预测的未来和不确定的未来同时成为可能，因为科学探究呈现和阐明的是一个由符号拓展而来的、无限生长的意义空间，这一点让作为方法论的实用主义准则兼容于可错论和演化论。符号的生长将会为我们呈现一般现象的结构，从而带来对一般现象的普遍理解。当然，符号的生长须借助科学共同体探究活动的帮助，这使得符号实用主义与第三次借助规范科学的表述结合在一起。

我们可以看出，皮尔士对实用主义的第四次表述已经完全泯除了其第一次表述中未能有效防范的心理主义，也能直接理解实用主义在何种意义上是一种科学的方法。对皮尔士四次关于实用主义表述的讨论为我们恢复了皮尔士实用主义的真实蕴意,我们可以借助他与詹姆士思想间的差别来进一步夯实这里的理解。

6.2 皮尔士与詹姆士、杜威

6.2.1 皮尔士与詹姆士

皮尔士常被誉为实用主义之父,詹姆士则常被誉为实用主义之母。这对思想"夫妻"中的"父亲"似乎不太称职,"实用主义"之名的隆盛主要源于詹姆士的培育和宣扬。尽管詹姆士说,他在19世纪70年代初就第一次听到皮尔士阐释"实用主义"这个词了,但在19世纪90年代之前,皮尔士实际上从未正式提到过该词。缘于詹姆士的触动,皮尔士开始重新思考和阐发实用主义。在上一节的讨论中,我们已经多次提及皮尔士对詹姆士立场的不满,实际上,在共同的"实用主义"名下,诸多古典实用主义者,包括皮尔士、詹姆士、杜威、席勒、罗伊斯、刘易斯(C. I. Lewis, 1883—1964)等人,其哲学有着明显不同的特征。我们认为,无法为实用主义提供清晰的界定,而后根据该界定来为特定的一群哲学家贴上实用主义者的标签。对实用主义本身的研究而言,我们仅能对之做出谱系学的考察,揭露那些可被视为实用主义者们思想间的联系和差别,我们从中看到的思想共通之处便是所谓的实用主义,而我们一旦看到了其中的共通之处,亦不必拘泥于某一哲学家是不是实用主义者的表面之争了。

詹姆士与皮尔士对实用主义的理解仅有着表面上的相似之

处。詹姆士同样根据经验的过程来理解"后果",但关于"有用即是真理"这一论断,詹姆士解释道:"观念变成了真的,是事件使它为真的。它的真实性实际上是一个事件,一个过程:也就是它证实它自身的过程,它的证实活动。它的有效性就是使之生效的活动过程。"①实践行动的过程为理性能动者带来了真实性的依据,"实际的后果"或"行为"并非孤立的、无源的现象,它们是以与环境的具体互动以及意义生成的丰富过程为依归的。因而,在詹姆士那里,证成的过程和认知的过程是同一个过程,同一种"彻底的经验"。用詹姆士本人的话说:"知者和所知是同一个经验,它在两个不同的结构里被计算了两次……"②但这两次计算只有结构(表达形式)上的不同,从而被呈现为"两面",它们之间没有质的分野。从而,证成的结构(知者)可以直接从实践活动形成的感性结构(所知)中获得依据。有用的效果与这种隐在于活动中的证成依据直接相关,从而能够作为真理的权宜标准。这里体现了皮尔士和詹姆士思想的第一点不同之处:詹姆士承诺了"彻底经验"的本体论地位,它是个体直接沉入其中的存在论领域,而皮尔士无疑没有做出这类理论承诺。

费里斯特姆(Sami Pihlström)认为,詹姆士的彻底经验主义与皮尔士的连续论立场非常接近③,我们反对这种解读,认为二者间

---

① 詹姆士:《实用主义》,李步楼译,商务印书馆2002年版,第112页。
② 詹姆士:《彻底的经验主义》,庞景仁译,上海人民出版社2006年版,第36页。
③ See Sami Pihlström, "Peirce's Place in the Pragmatist Tradition", in *The Cambridge Companion to Peirce*, Cheryl Misak (Ed.), Cambridge: Cambridge University Press, 2004, p. 35.

有着下述关键不同:彻底的经验主义强调的是,对世界的感性体验和理性表达是同一个经验不可拆分的两面,詹姆士因此强调个体的心理感觉的作用;与之相对,连续论是皮尔士宇宙论的一种基本立场,其中从未有对人类个体心灵的在先承诺,连续论保障着我们的科学理解与法则的连续性,这里的连续性实际上也是由法则保障的,因此科学的探究必然能够揭露法则之所是。这一关键不同奠定了皮尔士和詹姆士的下述思想差异。

首先,如6.1节多次指出的那样,皮尔士反对根据心理状态理解实践后果,并进一步根据这样的后果来理解真理。此外,皮尔士未将个体认知的过程视为直接提供证成的过程,在皮尔士那里,求知是于共同体内展开的一项规范事业。

其次,皮尔士和詹姆士有着不同的真理论和实在论。詹姆士的实用主义亦旨在反对追寻诸如"第一事物、原则、范畴以及假定的必然性"的理性主义哲学,他指出实用主义仅是一种确定态度的方法,它要求我们"注意最后的事物、成果、结果、事实"①。如果这些"事物、成果、结果、事实"是真的,即真实地反映了关于物自身的信息,那么它们必然会让我们感到满意,在此意义上,"是真的"和"感到满意"是互相支撑的,其最终依据仍然在彻底的经验主义立场那里:在知者求知(knowing)的活动者,我们根据"感到满意"来理解一个经验过程,而就所知(known)的事物而言,它将在同样的经验过程中真实地向我们呈现。只有基于这里的理

---

① 詹姆士:《实用主义》,李步楼译,商务印书馆2002年版,第32—33页。

解,我们才能正确领会"真理就是有用"这句口号的蕴意。进一步地说,詹姆士指出,"实用主义的范围是这样的:第一,是一种方法;第二,是一种真理的发生论"①。在此意义上,詹姆士无疑也不会认可求知的探究活动最终会带来皮尔士所承诺的某种独立于我们的范畴或实在。在此意义上,普特南提醒我们认识到:

> 对于詹姆士(斯)和杜威来说,并不存在"自然本身的语言"这种东西;我们制造语言,并通过我们的兴趣、理想以及我们自身所处的具体"问题情境"(杜威的说法)来指引语言。可以肯定,杜威同意皮尔士将真界定为无限持续的探究最终汇聚而成的东西,而且詹姆士(斯)也认为此种意义上的真是"范导性的"(a regulative notion);但是他们两人都不认为探究最终汇聚而成的东西独立于我们,独立于我们所具有的兴趣和理想以及这些兴趣理想所促使我们提出的那些问题。这些兴趣和理想(以及我们所处的问题情境)塑造了我们所拥有的那些范畴;对于詹姆士(斯)和杜威来说,根本不存在什么所谓发现自然本身的范畴。而对于皮尔士来说,自然具有一组"交合点",任何一群坚定不移的探究者如果能持续足够长时间进行探究都会到达那里;在纯科学中,与在实际生活中不同,我们的语言最终受实在之结构所控制,而不受我们的兴趣……控制。②

再次,皮尔士对真理和实在有着不同于詹姆士的理解,这里

---

① 詹姆士:《实用主义》,李步楼译,商务印书馆2002年版,第39页。
② 普特南:《讲稿评注》,载皮尔士:《推理及万物逻辑:皮尔士1898年剑桥讲坛系列演讲》,张留华译,复旦大学出版社2020年版,第84页。

6. 实 用 主 义

涉及的更进一步的不同在于,詹姆士更加把实用主义理解为一种人文科学而非科学的哲学,皮尔士则将实用主义理解为一种科学的方法。

最后,从上述阐释中,我们还可以看出皮尔士和詹姆士思想间的其他不同之处。例如,哈克指出,两人有着不同的本体论观点,皮尔士认为普遍项是实在的,但它不可被还原为殊项,而詹姆士认为实在的普遍项可被还原为殊项。造成这一差别的原因在于,詹姆士承认个体对殊项的心理感觉有着重要的认知价值,而皮尔士则认为实用主义是对普遍现象的科学探究。此外,德瓦尔指出,詹姆士因此是一名唯名论者,更为强调具体的经验和现实的实践后果,而根据我们在5.4节中的讨论,皮尔士是一名经院实在论者,经验实在论包含了一种十分不同的真理论和实在论。[①]就两者哲学的根本特征而言,如迪利指出的,皮尔士哲学仍然有着理论哲学的特征,詹姆士则更为强调经验性的实践。[②] 也因为此,皮尔士不像詹姆士那般,认为实用主义是一种世界观。[③]

我们可以看出实用主义之"父"与"母"的立场存在巨大差别,然而,这些差别不会使得实用主义的旗帜倒下,相反,对实用主义者思想间差别的厘清将在细节上丰富实用主义的内蕴。我

---

① See Haack, S. "Pragmatism and Ontology: Peirce and James." *Revue internationale de philosophie*(1977): 393; See also Cornelis de Waal, *On Pragmatism*, Belmont: Wadsworth, 2005, p. 91, p. 101, p. 104.

② See John Deely, *Four Ages of Understanding: The First Postmodern Survey of Philosophy from Ancient Times to the Turn of the Twenty-first Century*, Toronto: University of Toronto Press, 2001, p. 621.

③ See CP 5.13.

们认为,这是目前阶段的实用主义研究应当着力的方向之一:深入细节,揭露不同,丰富发展。

6.2.2 皮尔士与杜威

相较于皮尔士与詹姆士生活与思想上的互动,杜威与皮尔士往来较少。皮尔士仅比詹姆士年长3岁,生活上也常受到后者的资助。皮尔士则比杜威年长20岁,属于年长的一辈。1903年,杜威寄送了一本题为《逻辑理论研究》(*Studies in Logical Theory*)的论文集给皮尔士,这本文集收录了他与其学生的一些文章。1904年6月,皮尔士回信给杜威,并针对杜威在该文集中的四篇文章提出批评。① 皮尔士还曾在《国家报》上发表过一篇书评。② 杜威曾在1905年4月拟过一封回复信件,但或许并未寄出。杜威评论皮尔士哲学的文本亦不多,但我们从中可以读出两点:一是杜威对皮尔士哲学有着深刻且准确的认识,二是在对逻辑的理解上,两人持有不同的立场。

在1922年《美国的实用主义》(Pragmatic America)一文中,杜威指出实用主义"这个传统在美国是通过皮尔士与詹姆士首先得到复兴的,然后成为主流,这一事实具有一种特别的重要意义。任何一个想要对我们的精神状况……进行一番清查的人,都会发现实用主义精神的重要性"③。

---

① See CP 8.239 - 244.
② See CP 8.188 - 189.
③ 杜威:《1921至1922年间的期刊文章、论文及杂记》,《杜威全集·中期著作·第十三卷(1921—1922)》,赵协真译,莫伟民校,华东师范大学出版社2012年版,第226页。

6. 实 用 主 义

1923年,柯亨(Morris Cohen, 1880—1947)编辑的皮尔士《机会、爱与逻辑》(*Chance, Love, and Logic*)中收录了杜威的《皮尔士的实用主义》(The Pragmatism of Perice)一文作为附录材料。杜威指出,皮尔士的实用主义"最显著的特征的确就是——它要承认理性认知与人类意图之间不可分割的联系",恰因为此,"皮尔士更注重实践(或行为),而不是殊项;实际上,他把重点转移到了一般事物上"。① 关于詹姆士和皮尔士的关系,杜威也准确地认识到后者更加重视科学的程序方法,对承诺了心理主义的"固执的方法"的"信仰的意志"不感兴趣。②

1946年,在《皮尔士论语言符号、思想及意义》(Peirce's Theory of Linguistic Signs, Thought, and Meaning)一文中,杜威通过对莫里斯(Charles Morris, 1901—1979)符号学思想的批评来澄清皮尔士思想的原义。杜威写道,"由于莫里斯自称赞同皮尔士的理论,非常重要的是根据皮尔士自己的著述拯救皮尔士的理论,以防赝品(Ersatz)取代皮尔士的真实观点",然而,"莫里斯对皮尔士理论的颠倒说明不仅影响着史蒂文森,而且影响着其他作者,这一点已为近来出版的文献资料所表明"③,这促使杜威着手

---

① John Dewey, "Peirce's Pragmatism", in C. S. Peirce: *Chance, Love and Logic: Philosophical Essays*, Morris R. Cohen (Ed.), New York: Harcourt, Brace & Company, Inc., 1923, p. 303.
② See John Dewey, "Peirce's Pragmatism", in C. S. Peirce: *Chance, Love and Logic: Philosophical Essays*, Morris R. Cohen (Ed.), New York: Harcourt, Brace & Company, INC., 1923, pp. 302–303.
③ 杜威:《论文、书评和杂记》,《杜威全集·晚期著作·第十五卷(1942—1948)》,余灵灵译,华东师范大学出版社2015年版,第110页。

阐释皮尔士的理论，尤其是皮尔士的符号哲学思想。

第一，杜威拒斥莫里斯将皮尔士符号的阐释项理解为一个现实的阐释者(interpreter)的立场，指出莫里斯的"错误理解在于将皮尔士使用的大写的解释一词变成了个体使用者或解释者的解释"①。限于论题，我们此处对莫里斯的立场不加深究，而仅需认识到杜威正确理解了皮尔士的阐释项这一概念。如若将阐释项理解为一个现实的个体阐释者，那么符号活动将失去其普遍性而缩减为与使用语言的人的关系，陷落于个体心灵的语用和语义活动。

第二，杜威深刻认识到了符号在皮尔士那里的根本性以及符号活动的无限性。他指出，"皮尔士始终认为：(1)根本没有作为独立的符号的东西，每个符号都是一系列有序的符号的要素，因此独立于这一系列的东西就没有意义——或者说不是符号；(2)在一系列有序的符号活动中，这一系列前面的符号的意义，由作为其解释的后面的符号来提供或组成，直到获得结论(当然是逻辑上的)。的确，皮尔士一贯坚持这一观点，他不止一次说，符号本身形成了一个无限的系列，因此不可能有最终的推理的结论，结论本身会由于更多的符号而不断拥有其意义"②。符号活动的无限性会带来我们理解事物方式上的变化。

---

① 杜威：《论文、书评和杂记》，《杜威全集·晚期著作·第十五卷(1942—1948)》，余灵灵译，华东师范大学出版社2015年版，第112页。
② 杜威：《论文、书评和杂记》，《杜威全集·晚期著作·第十五卷(1942—1948)》，余灵灵译，华东师范大学出版社2015年版，第113页。

第三,在符号与事物的关系上,杜威再度批判莫里斯的解读。杜威认为,在皮尔士那里,事物与符号之间不存在指称关系,事物仅能在符号的无限关联中得到把握,但莫里斯通过将阐释项理解为个体阐释者,从而将符号与事物的关系理解为一种指称关系,这体现在他所谓的事物句(thing-sentence)上,事物句是关于符号之外的事物的指称。杜威十分尖锐地批评道,这种理解未将"指称"视为一种符号,故有悖于皮尔士"我们无法不诉诸符号思维"的立场,并且这种理解在一定程度上仍然受限于传统认识论的思维方式,例如认为主体、自我是相对于世界和事物的,前者能够凭借自身的能力通过观念或思想来把握后者,而莫里斯"将'阐释项'转变为以个人使用者作为其解释者的解释,因而将皮尔士的观点倒置,莫里斯对语义学的阐释,或对符号与'事物'的关系的阐释,也与皮尔士……的论述相对立,以至于是一派胡言"[1]。

第四,关于思想(thought),杜威也准确地指出,"构成思想并形成普遍性、连续性和规律性的语言符号属于第三性"[2]。根本而言,恰是由于杜威把握到了皮尔士符号的三元结构以及符号作为思维活动的根本特征,他才不满于莫里斯将思想限制为人类心灵的解读。

第五,杜威同样清楚地认识到了皮尔士对科学逻辑的强调、

---

[1] 杜威:《论文、书评和杂记》,《杜威全集·晚期著作·第十五卷(1942—1948)》,余灵灵译,华东师范大学出版社2015年版,第113页。译文略有改动。
[2] 杜威:《论文、书评和杂记》,《杜威全集·晚期著作·第十五卷(1942—1948)》,余灵灵译,华东师范大学出版社2015年版,第114页。译文略有改动。

对心理主义的批判,以及在宇宙论的意义上理解习惯。我们不要混淆心灵的(psychical)真理和心理学的真理,后一类真理是詹姆士承诺的真理,认为通过个体的内省或信仰的意志便可踏上通往真理之途;而关于前一种真理,我们必须诉诸科学的逻辑方法,走上探究之途,在认识上确定"信念",在行动上树立习惯。杜威指出,"哪里有普遍性、连续性,哪里就有习惯。甚至浏览皮尔士著述的作者都会意识到,在他看来,习惯首先是宇宙论的问题,然后才是——在确定的存在论意义上——生理学和生物学的问题。习惯通过人类有机体生效,但在他看来,具有说服力的事实在于有机体是习惯在其中形成并生效的世界的组成部分"①。

第六,杜威认识到皮尔士对"社会的"维度的强调,他强调道,在皮尔士那里,"'逻辑是根植于社会的'……'没有他人心智(mind)的帮助,一个有心智的人也寸步难行'——心智作为思想,是由语言符号来定义的。'当我们研究连续性的原则,并明白一切是多么易变,每一点都直接与其他各点的存在有关,这时,显然利己主义与错误行为就合二为一了。'此时,我们认识到,只要人是单独的,他就不是完整的,他本质上是可能的社会成员。特别是,如果人的经验是单独的,就毫无意义……必须思考的不是'我的'经验而是'我们的'经验;这一'我们'具有无限可能性"②。

---

① 杜威:《论文、书评和杂记》,《杜威全集·晚期著作·第十五卷(1942—1948)》,余灵灵译,华东师范大学出版社2015年版,第118页。
② 杜威:《论文、书评和杂记》,《杜威全集·晚期著作·第十五卷(1942—1948)》,余灵灵译,华东师范大学出版社2015年版,第118页。

6. 实 用 主 义

杜威本人亦对共同体十分关注,实际上,在古典实用主义三大家中,杜威是对共同体投以最多关注的一员。

从上文的简要讨论中,我们可以看出杜威对皮尔士哲学的理解十分确切,他的《皮尔士的实用主义》和《皮尔士论语言符号、思想及意义》均是很好的皮尔士哲学导读文章。然而,杜威的解读中也有些微偏颇之处,例如,他认为皮尔士的宇宙论与泛心论密切相关,[①]但如果我们在"好"的意义上理解泛心论,认为它具体体现了皮尔士所谓的连续论和泛爱论,而未进一步承诺宇宙万物均有着人类般的意识或主体形式,则杜威的这一解读或许亦无甚多问题。更为重要的是,杜威的确与皮尔士有着思想上的差别,例如,尽管杜威与皮尔士一样强调共同体的重要性,但他更多是在制度而非科学的意义上理解共同体,故而在真理论上,他未像皮尔士那般承诺意见终将"汇聚"成一种最终的真理,而认为存在相对于共同体而言的多种真理。[②]

皮尔士在他写给杜威的信中对杜威及其学生组成的"芝加哥学派"多有批评,我们从中可以看出二者思想间的根本差别。二人之间的核心争议在于,逻辑学能否建基于"思维的自然史"。杜威拒斥洛采(Rudolph Hermann Lötze, 1817—1881)式的逻辑观,即认为可以对先验知识与思维中的必然法则进行纯形式的探究,

---

[①] 参见杜威:《论文、书评和杂记》,《杜威全集·晚期著作·第十五卷(1942—1948)》,余灵灵译,华东师范大学出版社 2015 年版,第 119 页。

[②] See Sami Pihlström, "Peirce's Place in the Pragmatist Tradition", in *The Cambridge Companion to Peirce*, Cheryl Misak (Ed.), Cambridge: Cambridge University Press, 2004, pp. 42-43.

而逻辑学就是关于纯形式的科学。相较之下,杜威认为,逻辑学须建基于具体的现实经验,是关于"思维的自然史"的科学。

我们不妨对杜威其后的立场稍加阐释以厘清这里的争议。一般认为,我们基于关于对象的知觉而获得关于它的认知,但知觉并不是透明的,因而有了种种认识论问题:我们需穿过知觉的迷雾方能抵达物自身。但在杜威看来,知觉并无任何神秘之处,它只不过是对诸如硬度或颜色的感知,这些性质都是在有机体进程和变化的环境互动中显示出的特性,也是我们意识到事物的方式。在这个互动的过程中,对象既渐渐以具体的方式向我们呈现,也在这个过程中获得本质或形式,但这里的形式或本质指的仅是事物存在的模式,即在我们适应环境的过程中形成的可变模式。因而,对象没有一个先天或超验的本质。"作为'对象',它们的能力和意义在于被我们在生命的进程中享受、承受、经历、使用或转换。"①

杜威的这一认识有着重要的意义。一方面,杜威根本上放弃了近代哲学中二元论式的静态认知方式,与旧有的理解不同,对象不是固定地等待在那里为我们认知,我们亦没有一个固定的模式用以把握对象。另一方面,杜威也为我们提供了一种意义及语言何以产生的发生学解释。同许多当时的语言学家相比,杜威认为语言并不是一个在先的逻辑系统,这体现在他对洛采式逻辑观的反驳上。在他看来,语言的产生归因于每个个体的使用,语言

---

① 杜威:《非现代哲学与现代哲学(〈杜威全集〉补遗卷)》,孙宁译,华东师范大学出版社2017年版,第209页。

反映出这些个体所置身的环境以及个体应对环境的方式。换句话说,"语言自身是对人类个体经验的深层记录。用当代的话语说,不应脱离其语境来理解语言"①。

语言是切实地关涉世界的,这里所谓的"世界",在杜威那里,是指一种活生生的自然,这种自然遵循着进化的规律。对于某个生物个体而言,它在具体的条件下生存和演化,并且在不同的条件下,生物也将会具备不同的质性。这种质性指的是那些在生机勃勃的自然进化进程中被捕捉和暂时固定住的不连续的生物属性。杜威认为,从后果论的角度看,质性具有内隐的意义(implicitly meaningful),对质性的反应有着内隐的意义模式——这种意义之所以是内隐的,乃是因为相对于在成熟语言中的成熟意义而言,它尚不能被成熟的语言符号表达出来。但意义是隐晦的,进一步地说,内隐的意义构成了明晰的(explicit)意义的基础和前提,当获得成熟的语言时,人们可以使之明晰化(making it explicit)。从保存生命的角度看,对质性的反应反映着生物应对自然环境的经验过程。因此,质性兼具经验和意义两个要素,它构成了语言的起点。

在此意义上,由于有机体持续地暴露于一个充满机会性的环境之中,有意义的模式以及对"感觉"的接受可能随时发生改变。**有机体不仅是被动地,而且还主动地改变对象的感觉特性**。在这个被动地与主动地适应环境的过程中,有机体的认知能力及认知

---

① Bruner J., Caudill F., and Ninio A., "Language and Experience." In *John Dewey Reconsidered*, R. S. Peters (Ed.), London: Routledge & Kegan Paul, 1977, p. 18.

对象均慢慢从自然中浮现,并进一步丰富化。故而,生命进化的过程与作为后果的质性出现的过程是同一个过程,"这些性质从来也不是在有机体之内的,它们总是有机体外的事物和有机体共同参与各种交相作用的情况所具有的性质"[1]。**质性的变化动态地反映了生物应对环境的历史,也反映了语言和经验的发生和丰富化的历史。**

在这样的一个过程中,杜威指出,身体既是一个动物的或人类的身体,同时,也已经凝结了能力、模式和意义。用杜威的话说,"身体是生活的,如果是作为人类身体,还带有初步的人格的含义"[2]。在我们看来,杜威的这一认识极为重要。身体既需要是一个动物的身体,在此意义上,我们可以乘着身体的小舟在真实的自然中采撷对象,这将是一个免于怀疑论的简单事实;身体也需要是人类的身体,进而**身体本身就内嵌有赋义结构,由它所呈现的经验已然是具有意义的**,故而,我们不需要赘余的、类似于先天范畴的东西,有了它我们就能对感觉刺激进行知性的运作,就能获得认识活动可以之为基础和起点的东西;最后,正是由于身体的双重属性,自然中才可能有人格,这里的意思并不是说自然是属人的,而是说人是在自然中的。无论人格有着怎样的内蕴,以身体为基础而在自然中行动的人格可以保证人本身是一个平

---

[1] 杜威:《经验与自然》,《杜威全集·晚期著作·第一卷(1925—1953)》,傅统先译,华东师范大学出版社2015年版,第168页。

[2] 杜威:《非现代哲学与现代哲学(〈杜威全集〉补遗卷)》,孙宁译,华东师范大学出版社2017年版,第177页。

淡无奇的"自然项目"。我们可以进一步做出稍许激进但仍在合理范围内的解释,由于人格是一个自然项目,且有机体是在应对自然的活动中创造和赋义对象的,在此过程中,人格本身也是一个可被赋义的项目,但与其他不具主动性的自然项目不同,人格可以在这个过程的相反方向上做出"反应",此时,人格表现为非自然的第三人称,它此时是一个能动主体。在这种人格之间的互动过程中,身体也走向了主体间性。

正是基于这样的解释我们才能理解杜威为什么会称身体为一种"共同的身体",并认为这种身体带来的经验是无人称的经验,"也许我们应该说,当说'我的经验'时,决定性不是你或我,而是经验本身"[①]。此处所言的身体本质上是主体间在应对环境以及社会性的交往中形成的客观意义的基源,由此而来的经验不是超越的,不是先天的,也不是前反思的,而是活的、在增长中的,它有着自然的维度,也有着文化的维度,它不仅是在活动的"做"中获得的,也是可用语言"说"出来的。

基于上述的理解,杜威声称自然和文化的关系是连续的。在杜威看来,我们是以下面这个事实为出发点的:"活生生地存在不断地(即使是在睡眠中)与环境进行互动。或者说,站在构成生命的事件角度看,生命是一个交互行为……这种交互行为是自然

---

① 杜威:《非现代哲学与现代哲学(〈杜威全集〉补遗卷)》,孙宁译,华东师范大学出版社2017年版,第168页。

的,就像碳、氧、氢在糖中进行有机的自然交换一样。"[①]根据这种观点,经验就是生命功能或生命活动[②],而生命在现实中是由一系列的社会文化事件组成的。基于身体的动物性、人格性以及衍生出的交互主体性,对自然的"经受"以及我们主动的"做"是在同一个连续的整体之中的。在与环境的不断互动里,我们的讨论"从包含在有机体与环境之互动当中的'经受-做-经受'(undergoing-doing-undergoing)这一联系开始"[③]。这种"做"的实践既是在自然中的,也是理论性的,"环境又完全是社会性的"[④],如此一来,归于文化的也归于自然,以审美为例,对自然的经受已然具有审美属性。

也基于上述的理解,杜威认为逻辑理论体现的就是对思维的自然史的研究,在对自然史的解剖中,我们可以看清意义何以生成。然而,杜威上述充满诱惑力的思想未能符合皮尔士的品位。皮尔士对杜威作了下述批评。

首先,最为关键的是,皮尔士认为杜威混淆了:(1)对思维和意义来源的探究,这一探究讨论的是我们做了什么,以及如何做;(2)对思维和意义形式的探究,这一探究讨论的是如何保障推理

---

① 杜威:《非现代哲学与现代哲学(〈杜威全集〉补遗卷)》,孙宁译,华东师范大学出版社2017年版,第206页。
② 杜威:《非现代哲学与现代哲学(〈杜威全集〉补遗卷)》,孙宁译,华东师范大学出版社2017年版,第282页。
③ 杜威:《非现代哲学与现代哲学(〈杜威全集〉补遗卷)》,孙宁译,华东师范大学出版社2017年版,第196页。
④ 杜威:《非现代哲学与现代哲学(〈杜威全集〉补遗卷)》,孙宁译,华东师范大学出版社2017年版,第192页。

形式的正确性。杜威仅关注(1)而忽略了(2),这促使皮尔士作出了较为严厉的批评。皮尔士批评道,"我不得不说,在我看来,你关于推理的推理风格犯了接触这一主题的人常犯的错误","我不认为像自然史这样的东西能够满足下述迫切需求,即检查由于人们不理解推理理论而导致的思想、时间、精力上的可怕浪费"①。在皮尔士看来,逻辑学作为一种规范科学,需对推理的形式本身做出讨论。皮尔士的下述评论似乎已经十分尖锐了,"芝加哥没有道德之地的声誉(Chicago hasn't the reputation of being a moral place),但是,我可以认为,生活在那里对像你这样的人的影响是,让你更加感到区分对与错、真与虚是有必要的。这些只能通过自控(self-control)来保持"②。皮尔士指责杜威未能认识到(2),从而未能思考推理形式的真和有效性。

其次,在杜威那里,逻辑学与心理学可以"谈和",这体现在杜威对"身体"的强调上。在杜威那里,身体本身具有赋义的结构,身体甚至是沟通自然与文化的桥梁。这在皮尔士看来,无疑是不可接受的。

最后,不同于杜威,皮尔士认为的确存在纯形式化的逻辑学。实际上,皮尔士将符号哲学理解为"对所有符号遵循的基本条件的分析研究"③。它有别于杜威所关注的经验科学,其中,数学是

---

① CP 8.239.
② CP 8.240.
③ MS 774:6. 转引自皮尔斯:《皮尔斯:论符号 李斯卡:皮尔斯符号学导论》,赵星植译,四川大学出版社2014年版,第143页。

最形式化的科学,因为它是"得出必然结论的科学",且无须涉及具体的经验状态,它是对形式的结构的形式分析。[①] 更多的讨论将涉及皮尔士的逻辑学,请容我们此处不作多议。

就本章的"实用主义"论题而言,我们看到皮尔士将外展推理理解为实用主义的方法,因此,实用主义是对"假设"进行形式化探究的方法。尽管科学的探究活动会随着实践的丰富而修改假设,从而将新的经验材料纳入理性考察的范围,但作为一种探究意义的方法,皮尔士的实用主义明显不同于杜威的实用主义,在杜威那里,实用主义更加是一种哲学,一种世界观。

小结

自詹姆士1898年在哲学联盟的演讲之后,实用主义从作为一种特别的哲学方法逐渐演变为一场声势浩大、具有广泛影响的哲学和社会运动。费奇指出,1898年是一个分水岭:从1865—1898年,实用主义没有任何正式的名字,而1898年之后,在各种场合和印刷品上有了包括实用主义、人文主义、功能主义、情境主义、工具主义、实验主义、操作主义等名字。[②] 在后一时期,实用主义的内涵似乎完全脱离了皮尔士最初阐释它的意义。

皮尔士本人似乎也是在詹姆士公开宣讲之后才开始使用实

[①] See CP 4.229, 4.232, 1.240.
[②] See Max Fisch, *Peirce, Semeiotic, and Pragmatism*, Bloomington: Indiana University Press, 1986, p. 283.

6. 实 用 主 义

用主义一词。如果去检索目前已出版的皮尔士文本,我们会发现"实用主义"或"实效主义"这两个语汇基本上只出现在皮尔士1900年之后的文本中。但差不多在皮尔士以实效主义之名谈论实用主义的时期,欧美已经形成了相当规模的有关实用主义的讨论了。在英国有席勒,早在其1891年出版的《斯芬克斯之谜》(*Riddles of the Sphix*)[①]一书中就提出了类似詹姆士实用主义("信仰的意志")的理论,他认为所有的思想和行动都不可避免地是人类个体的产物,受到人类需求和欲望的引导,而这些需求和欲望是无法通过理性抽象得出的。1902年,席勒在其《预设的公理》(Axiomsas Postulates)一文中,攻击了先验知识的概念,并将其实用主义称之为"人本主义"(Humanism)。[②] 在意大利佛罗伦萨亦有一群热情的实用主义者,包括帕皮尼(Giovanni Papini, 1881—1956)和普雷佐里尼(Giuseppe Prezzolini, 1882—1982)等人,他们甚至自费创立《莱昂纳多》(*Leonardo*)月刊作为交流平台,其最初的动机则是批判当时意大利高谈阔论而不干实事的政治。

我们没有充足的证据认为皮尔士对这些实用主义者的著作有过仔细研读,但他毫无疑问是了解相关讨论的。[③] 皮尔士明确地谈论过詹姆士、席勒以及杜威的实用主义,并且表示自己的实

[①] See Ferdinand C. S. Schiller, *Riddles of the Sphinx: A Study in the Philosophy of Evolution*, London: S. Sonnenschein, 1894.

[②] See Ferdinand C. S. Schiller, "Axioms as Postulates." In *Personal Idealism*, Henry Sturt (Ed.), London: Macmillan and Co., 1902, pp. 47–133.

[③] See CP 8.205.

用主义与前者相去甚远,甚至要为自己的实用主义改一个"丑陋而免遭绑架"的名字：pragmaticism。[1] 皮尔士也知道意大利实用主义者帕皮尼的下述主张："没有实用主义这种东西,有的只是实用主义式的理论,以及或多或少是实用主义的思想家。实用主义是由各种来源和气质的理论组成的联盟,而不是由一个哲学家的大脑,或由一个同质化和组织良好的学派所产生的体系。"[2]皮尔士对此表示赞同。[3] 在这场实用主义运动中,皮尔士即便事实上是实用主义的创始人,随后也只能以参与者的身份加入讨论。创始人也没有任何规定"教义"的特权,这一点似乎十分符合意大利实用主义者所倡导的思想的多样性。但在这种思想多样性的氛围下,实用主义的发展脱离了其最初创造者的原意,使得我们有必要重申皮尔士的实用主义。

皮尔士在两种略有差别的情况下称自己为实用主义者或拥有实用主义哲学：狭义上说,实用主义作为一种澄清符号和概念意义的逻辑方法；广义上说,任何遵循实用主义方法的哲学理论均可被视为一种实用主义哲学。从狭义上说,皮尔士始终强调实用主义是一种澄清意义的科学的逻辑方法。实用主义下属于规范科学中的逻辑学分支,而规范科学又以现象学基础,于是,皮尔士对实用主义的澄清进展到了对规范科学和现象学的讨论。从

---

[1] See EP 2: 334-335.
[2] Papini, Giovanni. "What Pragmatism Is Like." *Popular Science Monthly* 71(10), 1907: 351-358.
[3] See CP 5.495.

广义上说,皮尔士认为实用主义"几乎就是苏格拉底的哲学",并且是一种斯宾诺莎、贝克莱和康德都践行过的"古老思考方法"①。然而,我们不能过分宽泛地将皮尔士的实用主义拓展为詹姆士所谓的各种理论均可漫步其上的"走廊"②。由此看来,皮尔士哲学的主要方面均带有实用主义的色彩,我们完全可以恰如其分地将皮尔士思想称为实用主义哲学,对皮尔士实用主义的重申则构成了重新挖掘皮尔士思想金矿的前提条件。

---

① CP 6.490.
② 参见詹姆士:《实用主义》,李步楼译,商务印书馆2012年版,第32页。

结语　皮尔士哲学的影响

在将皮尔士哲学比作一座尚未得到充分开采的思想金矿时，我们既是指皮尔士哲学本身仍然有诸多有待进一步勘察之处，还意味着皮尔士为其后的哲学发展带来了深远的影响，他的思考仍然有益于时今的哲学探究。

就皮尔士哲学的影响而言，首先，从实用主义的视角看，尽管在20世纪左右的实用主义运动中，詹姆士才是真正的核心人物，他与绝大部分实用主义者都有着直接的通信往来，声名隆盛且影响深远。然而，这场运动中不乏受皮尔士实用主义影响的人。古典实用主义三大家中的另一位人物杜威便深受皮尔士影响。杜威很早便阐释了皮尔士实用主义与詹姆士实用主义之间的不同。[1] 杜威的自然主义式的实用主义以及其逻辑工具论思想与皮尔士的实用主义之间有着亲近性。实际上，皮尔士在实用主义于美国本土的发展中有着持续的影响，其中，刘易斯是一个关键性的过渡人物。刘易斯师从罗伊斯，罗伊斯则是与皮尔士和詹姆士一起参与"形而上学俱乐部"的成员之一。同时，刘易斯也被哈佛大学委任为重组皮尔士手稿的负责人。无疑，他对皮尔士的实用

---

[1] See John Dewey, "The Pragmatism of Peirce", in C. S. Peirce, *Chance, Love, and Logic: Philosophical Essays*, Morris R. Cohen (Ed.), Lincoln and London: University of Nebraska Press, 1998, pp. 301–308.

主义十分了解。总的来说,刘易斯受皮尔士的影响体现在,他将实用主义视为一种处理意义、知识等概念的方法。① 受卡尔纳普(Rudolf Carnap,1891—1970)的影响,刘易斯将实用主义与逻辑实证主义联系起来加以讨论。刘易斯的两名杰出学生奎因(W. V. O. Quine,1908—2000)和古德曼(Nelson Goodman,1906—1998)都在不同意义上发展了实用主义。在其生涯早期,奎因曾写过三篇关于皮尔士逻辑学著作的评论。② 然而,在奎因和古德曼的著作中,我们很难看到皮尔士的思想痕迹,直到塞拉斯(Wilfrid Sellars,1912—1989)出现,皮尔士哲学才再一次显示出其影响力。塞拉斯的科学实在论对科学对象的实在论承诺以及对科学真理的理想性定义,与皮尔士对实在的实用主义定义有着直接的联系。③ 此外,塞拉斯对伦理共同体的讨论也受到皮尔士启发,他们均认为,在规范维度或伦理学领域,我们并不以个体的视角思考问题,相反,我们有一个"我们-意向"——一个属于主体间的意向。④

米德的学生莫里斯也声称受皮尔士的启发,尝试以"意义"为

---

① See C. I. Lewis, *Collected Papers of Clarence Irving Lewis*. Stanford: Stanford University Press, 1970, p. 323.
② See Peter Godfrey-Smith, "Quine and Pragmatism." In *A Companion to W. V. O. Quine*, Gilbert Harman and Ernie Lepore (Eds.), New York: John Wiley & Sons, Inc., 2014, pp. 54 - 68.
③ See Wilfrid Sellars, *Science and Metaphysics: Variations on Kantian Themes*, New York: Routledge & Kegan Paul Ltd., 1868, p. 42;另参见周靖:《表征论的多副面孔:当代英美哲学语境下的探究》,上海人民出版社 2021 年版,第 1 章。
④ See Wilfrid Sellars, "Are There Non-deductive Logics?" In *Essays in Honor of Carl G. Hempel*, Nicholas Rescher (Ed.), Dordrecht: Springer, 1969, pp. 83 - 103.

着力点,将皮尔士的符号哲学与米德的行为主义结合起来,对符号学做出了著名的三分,即句法学(syntax)、语义学(semantics)和语用学(pragmatics)。① 尽管莫里斯的阐释中存在对皮尔士思想的诸多误解,但他实质地发展了符号学。莫里斯的学生西比奥克作为一名接受皮尔士三元符号哲学的学者,亦积极尝试融合由索绪尔开启的有着能指-所指(signifier-signified)结构的二元符号学(semiology),进而发展出一种总体符号学(global semiotics)。②

其次,皮尔士实用主义思想的影响超出了美国本土的范围。在当时的意大利学界,瓦拉蒂(Giovanni Vailati, 1863—1909)和卡尔德罗尼(Mario Calderoni, 1879—1914)更为支持皮尔士的实用主义,而反对詹姆士和帕皮尼式的"信仰的意志",认为实用主义应当作为一种逻辑的或方法的实用主义,意志对探究的影响应该被视为对知识进展的影响,而不是一种对人类行动和知识的主观解释,我们更应坚持以科学的方法来解释意义和真理。③

除了在意大利的影响外,皮尔士哲学在英国也产生了深远影响,甚而促成了"剑桥实用主义"④。皮尔士对英国哲学界的影响

---

① See Charles Morris, *Logical Positivism, Pragmatism, and Scientific Empiricism*, Paris: Hermann et Cie., 1937.
② See Thomas Sebeok, *Global Semiotics*, Bloomington: Indiana University Press, 2001.
③ See Cornelis de Waal, *Introducing Pragmatism: A Tool for Rethinking Philosophy*, New York: Routledge, 2022, pp. 81 - 92.
④ See Cheryl Misak, *Cambridge Pragmatism: From Peirce and James to Ramsey to Wittgenstein*, Oxford: Oxford University Press, 2016;另参见周靖:《剑桥实用主义研究》,华东师范大学出版社 2023 年版。

最初通过他与威尔比夫人(Lady Victoria Welby, 1837—1912)的通信而传播。① 1903年,她出版了第一本哲学著作《什么是意义?意义的发展研究》(*What is Meaning? Studies in the Development of Significance*)。② 威尔比夫人在阅读了皮尔士为鲍德温(James M. Baldwin, 1861—1934)主编的《哲学和心理学词典》(*Dictionary of Philosophy and Psychology*)③撰写的词条后,相信皮尔士能够理解和接受她的"意义学"(表意学, Significs),于是将《什么是意义?意义的发展研究》一书寄赠给皮尔士。④ 皮尔士曾在《国家报》上发表了肯定性的书评。威尔比夫人由此和皮尔士开启了长达九年(1903—1911年)的书信往来。皮尔士对"符号分类"的讨论主要见诸他写给威尔比夫人的信中。通过威尔比夫人,皮尔士哲学开始为英国哲学界所知。1910年,威尔比夫人建立起了与奥格登(C. K. Ogden, 1889—1957)的通信,我们可以在后者的著作中发现威尔比夫人和皮尔士的思想印记。通过奥格登的《意义的意

---

① See Charles S. Hardwick (Ed.), *Semiotic and Significs: The Correspondence Between Charles S. Peirce and Victoria Lady Welby*, Bloomington and London: Indiana University Press, 1977.
② See Victoria Welby, *What Is Meaning? Studies in the Development of Significance*, London: Macmillan & Co., Limited, 1903.
③ See James Baldwin (Ed.), *Dictionary of Philosophy and Psychology*, *Volume II*, New York: The MacMillan Company, 1902.
④ See Gerard Deledalle, "Victoria Lady Welby and Charles Sanders Peirce: Meaning and Signification", in *Essays on Significs: Papers Presented on the Occasion of the 150th Anniversary of the Birth of Victoria Lady Welby (1837 - 1912)*, Schmitz, H. (Ed.), Amsterdam: John Benjamis Publishing Company, 1990, p. 133.

义》(*The Meaning of Meaning*,1923)①一书(尤其是该书"附录"中对皮尔士符号哲学的概述),皮尔士进一步为兰姆赛(Frank Ramsey,1903—1930)、维特根斯坦(Ludwig Wittgenstein,1889—1951)、罗素(Bertrand Russell,1872—1970)、摩尔(G. E. Moore,1837—1958)等人所知晓。奥格登在向英国哲学界引介皮尔士的工作上发挥了重要的作用,他在《意义的意义》一书"附录"部分中对皮尔士哲学的介绍在很长一段时间内是英国学界了解皮尔士哲学的主要文本。威尔比夫人甚至在一封给皮尔士的书信中这样说道:"我想,我已经在剑桥找到了你的一个弟子。他一直在仔细研究我能给他看的你关于存在图的所有文章……他是马格达林学院的奥格登。他也满怀热情地进入了'意指'的可能性。"②

恰缘于奥格登的影响,兰姆赛对皮尔士哲学,尤其是对皮尔士在真理、意义以及概率等方面的理论饶有兴趣。我们可以从兰姆赛在其生命最后四年(1926—1929年)发表的文章中看到其思想中经历着一次重要的"实用主义转向",这次思想变化或许主要源于他早前对皮尔士《机会,爱与逻辑》一书及《为实效主义申辩序》("Prolegomena to an apology for pragmaticism",

---

① See C. K. Ogden & I. A. Richards, *The Meaning of Meaning: A Study of the Influence of Language Upon Thought and of the Science of Symbolism*, Mansfield Center: Martino Publishing, 2013.
② Charles Hardwick (Ed.), *Semiotics and Significs: The Correspondence Between Charles S. Peirce and Victoria Lady Welby*, Bloomington: Indiana University Press, 1977, pp. 138-139.

1906)一文①的阅读和吸收。具体地说,在"世界中事件发生的客观或然性"和"相信这些事件发生的主观信念程度"的关系上,兰姆赛吸收了皮尔士的实用主义,将信念持有者视为在世界中行动的能动者,认为事件发生的客观"概率"仅是人们基于对经验的归纳提出的"假设"。这一假设是指导行动的信念依据,从而主观信念度和事件的客观或然性是直接相关的,主观信念度也因此有着客观属性。兰姆赛将实用主义者强调的实质行动与逻辑上的形式表达联合在一处。

众所周知的是,在维特根斯坦从早期关于意义的图像论到后期的意义用法论的立场转变中,兰姆赛的批评发挥了很大的作用。这不禁让人猜测皮尔士及其实用主义思想是否对维特根斯坦产生了影响。米萨克认为,我们的确可以挖掘出一条从皮尔士、兰姆赛再到维特根斯坦的线索,这条线索体现了实用主义对维也纳学派的潜在影响。② 这种解读无疑会引起一定的争议,但

---

① See C. S. Peirce, "Prolegomena to an Apology for Pragmaticism." *The Monist* 16.4 (1906): 492 - 546. See also Frank Ramsey, "Truth and Probability", in *The Foundation of Mathematics and Other Logic Essays*, R. B. Braithwaite (Ed.), London: K. Paul, Trench, Trubner & Company, Limited., 1931, pp. 156 - 198; "Reasonable Degree of Belief", in *F. P. Ramsey: Philosophical Papers*, D. H. Mellor (Ed.), Cambridge: Cambridge University Press, 1990, pp. 97 - 101; Christopher Hookway, "Ramsey and Pragmatism: The Influence of Peirce", in *F. P. Ramsey: Critical Reassessments*, María J. Fráplli (Ed.), New York: Continuum, 2005, p. 186, et al.

② See Misak, Cheryl. "The Subterranean Influence of Pragmatism on the Vienna Circle: Peirce, Ramsey, Wittgenstein." *Journal for the History of Analytical Philosophy* 4.5 (2016): 1 - 15.

已经产生了一些相关讨论。①

最后,皮尔士哲学的影响不仅是跨国别的,还是跨领域的,尤为值得一提的是其在社会批判领域内的影响。皮尔士此方面的影响主要体现在阿佩尔和哈贝马斯(Jürgen Habermas,1929—　)那里,如本书的讨论所揭示的,皮尔士用对事物的科学探究取代了黑格尔式观念上的演绎。阿佩尔指出,"如果我们考虑到,我们的认知人类学已经使得经验材料的构造不仅依赖于人类理性(一如康德所说的)的一种综合成就,而且也依赖于一种介入性的世界理解,即依赖于一种具有意义构造作用的认知旨趣,那么,上述那种对知识之前提条件问题的特殊还原的意义就真相大白了"②。不同于黑格尔,皮尔士直接接纳源于事物的作用(cause and force),但他认为我们仅能基于对这些作用的假设性解释来理解事物,其中,事物被理解为我们的认识中的对象。但对象必然是关于事物的,由此我们的科学探究仍然有着认知的旨趣,这是因为,科学共同体在其探究中会对假设性的解释进行持续修缮,最终当源于事物的新信息的增加不再促使科学共同体修改其理解时,对象和事物之间的界限便被消除了,此时理解中的对象就是物自身。

---

① 参见 Cheryl Misak, *Cambridge Pragmatism: From Peirce and James to Ramsey to Wittgenstein*, Oxford: Oxford University Press, 2016;另参见周靖:《剑桥实用主义研究》,华东师范大学出版社 2023 年版。
② 阿佩尔:《哲学的改造》,孙周兴、陆兴华译,上海译文出版社 2005 年版,第58页。

科学共同体承担起了探究世界的责任。然而,随之而来的问题是,如果失去任何先验承诺,科学的语汇何以必然能够真实地切中事物?为此,阿佩尔发扬了皮尔士哲学中的康德因素,认为可以将"人类活生生的介入当作所有知识的一个必然条件而言,它能够而且也必然把知识的更深刻的条件推举到先天性的位置上",与此同时,现实的共同体必然终将发展为一种理想的"探究的无限共同体",这种共同体将会实现彼此意见上的最终汇聚,从而实现对实在完备的最终表达。[1] 就此而言,阿佩尔允诺的是一种在现实探究活动中能够触及知识的先验条件的语用学方案,在此意义上,他将皮尔士的思想称为"先验符号学"或"先验语用学"[2]。哈贝马斯似乎也接受了阿佩尔对皮尔士的解读,认为在社会和历史这两个维度同时展开的探究活动最终能够表征"事物"之所是,然而,他摒弃了阿佩尔承诺的先验维度,更为强调现实共同体在规范活动中的重要作用。[3] 始于皮尔士,实用主义与社会批判理论有着诸多思想上的往来。[4]

从哲学史发展的线索看,皮尔士哲学的确有着诸多影响,然而,皮尔士哲学作为思想金矿的价值还体现在,它有助于我们如

---

[1] 参见阿佩尔:《哲学的改造》,孙周兴、陆兴华译,上海译文出版社 2005 年版,第 97—98 页,第 114—116 页。

[2] Karl-Otto Apel, *Charles S. Peirce: From Pragmatism to Pragmaticism*, John Michael Krois (Trans.), Amherst: University of Massachusetts Press, 1981, p. ix.

[3] See Jürgen Habermas, "Peirce and Communication." *Peirce and Contemporary Thought: Philosophical Inquiries* (1995): 257.

[4] See Hans Joas, *Pragmatism and Social Theory*, Chicago & London: The University of Chicago Press, 1993.

今诸多的哲学思考。从认识论的研究看,我们很难彻底摆脱心灵与世界、概念性与非概念性的思维框架,但在对这个二分思维框架的处理上,我们一般缘于塞拉斯对"所予神话"(the myth of the given)的批评以及罗蒂、布兰顿、麦克道威尔等人的进一步宣扬,而放弃世界与非概念性的一面。① 换句话说,在将知识奠基于外部世界的基础主义和将知识视为信念的融贯论之间,新实用主义者们大都选择了信念融贯论,只不过他们为融贯的信念附加了主体间交往活动的限制,从而避免信念整体失去控制。然而,皮尔士的符号哲学为我们提供了链合基础主义和融贯论的方案,对皮尔士这一思想的承袭体现在哈克的"基础融贯论"(Foundherentism)那里。②

概念性和非概念性线索的合谋还有助于我们重叙实用主义的谱系。长久以来,我们认为古典实用主义者强调对"经验"的改造,即重构我们与外部世界之间的实践关系,而新实用主义则被视为经过语言转向后的新形态,更为强调透过语言在使用者那里的意义进行分析。于是,在实用主义谱系的叙事中存在着如何协调分别强调经验与语言的两种叙事。这两种分别对应于米萨克

---

① See W. V. O. Quine, *From a Logical Point of View*, New York: Harper & Row, 1963, pp. 20 – 46; See also Wilfrid *Sellars*, *Science*, *Perception*, *and Reality*, Atascadero: Ridgeview Publishing Company, 1963, pp. 127 – 196; Donald Davidson, "On the Very Idea of Conceptual Scheme", in *The Essential Davidson*, Oxford: Oxford University Press, 2006, pp. 196 – 208.

② 参见哈克:《证据与探究:对认识论的实用主义重构(修订版)》,刘叶涛、张力锋译,陈波校,中国人民大学出版社 2018 年版;另参见哈克:《理性地捍卫科学:在科学主义与犬儒主义之间》,曾国屏、袁航等译,中国人民大学出版社 2008 年版。

区分的实用主义中的两条理路,一条是詹姆士-杜威-罗蒂理路,[①]采取这条理论路径的实用主义者认为,不存在可以作为探究目标的真理,我们最终获得的仅是在共同体内形成的一致意见;另一条是赖特-皮尔士-刘易斯-塞拉斯理路,相比之下,采取这条理论路径的实用主义者认为,实用主义的确反对非历史性的、形而上学的真之概念,但仍然承诺我们能够公允地对待人类探究的客观维度,认为我们探究的活动仍然有着正确理解事物(getting things right)以及改进自身的信念和理论的目标。两条理路之间的差别在于,"粗略而言,存在着这样的争议:有些人认为在任何地方均不存在真理和客观性,有些人则认为,实用主义仍然承诺对真作出解释,保留正确地理解事物的志向"[②]。简言之,所有的实用主义者均反对存在某种先验论意义上的真理,但詹姆士-杜威-罗蒂式的实用主义者进一步认为我们仅能谈论相对于共同体而言的"真",赖特-皮尔士-刘易斯-塞拉斯式的实用主义者(包括米萨克和哈克)认为,我们仍然可以承诺事物的客观存在,并且能够在正确地理解事物的意义上谈论某种"真"。如若我们充分重视皮

---

① 或许有人会讶异于米萨克也将詹姆士归为杜威-罗蒂理路中的哲学家。在米萨克的阐释中,詹姆士同罗蒂一样抵制认为存在先定的世界的观点,以及二元论立场。米萨克也指出,詹姆士根据个体感到的"满意"来理解真理的立场,这种做法使得"真"成为一个相对于你和我、相对于我们的生活的一个概念,成为人类的一种价值。这种理解与罗蒂的思路一致,因而她也将詹姆士并入杜威-罗蒂理路中。参见 Cheryl Misak, *The American Pragmatists*, Oxford: Oxford University Press, 2013, pp. 54 – 60。

② Cheryl Misak, *The American Pragmatists*, Oxford: Oxford University Press, 2013, p. 3.

尔士的实用主义,坐实其"实用主义之父"之名,那么就可以有效地将这两条线索联合在一处。①

此外,皮尔士的符号由于三元结构而有很强的解释力,三元符号学明显优于索绪尔传统下的二元符号学,我们可以讨论认知符号学、生物符号学、文化符号学、社会符号学、传播符号学、伦理符号学等诸多论域,获得更多更具解释力的理论方案。

皮尔士哲学作为思想金矿的价值还远不止于此,我们需要一边挖掘,一边发现。本书仅对皮尔士哲学作了简明的探究,我们还有着诸多需要勘测和重申的地方,例如"实用主义的证明"问题、皮尔士实用主义与德国古典哲学(观念论)的关系以及皮尔士的现象学和胡塞尔的现象学的比较等。我们期待能有更多的有志之士加入挖掘的工作之中。

---

① 相关的具体工作请参见周靖:《剑桥实用主义研究》,华东师范大学出版社 2023 年版。

关键术语表[①]

A

Abduction 外展推理、溯因推理

Action 行动

Actisign 现实符

Actual 现实的

Actuality 现实性

Agapism 泛爱论

Aggregate 集

Analogy 类比

Anthropomorphism 人类中心论

Argument 论证符

Argumentation 论辩

Assertion 断言

B

Belief 信念

Breadth 宽度

C

Category 范畴

Ceonoscopy 共识学

Chance 机会

Character 品质,特征

Class 类

Cognition 认知

Cominterpretant 共同阐释项

Commens 同心

Commind 共同心灵

Common Ground 共同基底

Communicational Interpretant 交流阐释项

Community 共同体

Concept 概念

Conduct 行为

[①] 本表除列出正文中论及的重要概念之外,还罗列了皮尔士哲学中的关键术语,旨在为皮尔士哲学术语的译法提供一个参考。本表译法得到了江怡、张留华、孙宁、高来源、潘磊、王健等师友的批评与指正,在此表示感谢。

Consciousness 意识

Continuity 连续性

Continuum 连续统

Corollary 推论

Critical Common-Sensism 批判常识论

Critical Ethics 反思性伦理学

Critical Logic 批判性逻辑

D

Deduction 演绎

Definition 定义

Degenerate Secondness 退化的第二性

Depth 深度

Descriptive Science 描述性科学

Desire 欲求

Diagram 图表

Dicent 标符

Dicent Sign 标识符

Dicible Relation 陈述关系

Dicisign 陈述符

Dimension 维度

Ding an sich 物自身

Doubt 怀疑

Duality 二元性

Dyad 二元

Dyadic Relation 二元关系

Dynamic Interpretant 动力阐释项

Dynamical Object 动力对象

E

Effect 效果

Effectual Interpretant 效力阐释项

Efficient Cause 效力因

Efficient Causation 效力因果关系

Effort 努力

Emotional Interpretant 情感阐释项

Energetic Interpretant 能量阐释项

Ens Rationis 理性存在

Essence 本质

Esthetics 美学

Ethics 伦理学

Existence 实存、存在

Existential Graph 存在图

Existential Interpretant 存在阐

释项

Existential Relation　存在关系

Experience　经验

External　外在的

Externality　外在性

F

Fact　事实

Fallibilism　可错论

Feeling　感觉

Final Cause　终极因

Final Causation　终极因果关系

Final Interpretant　最终阐释项

Final Logical Interpretant　最终逻辑阐释项

Firstness　第一性

Form　形式

Formal Cause　形式因

Formal Grammar　形式语法

Formal Logic　形式逻辑学

Formal Logical Possibility　形式的逻辑可能性

Formal Rhetoric　形式修辞学

G

General Grammar　一般语法学

General Metaphysics　一般形而上学

General Rhetoric　一般修辞学

Generality　一般性

Generalized Icon　一般性像似符

Generalized Percept　一般性觉知

Genuine Secondness　真正的第二性

Genuine Thirdness　真正的第三性

Grammatica Speculativa　思辨语法学

Graph　图

Ground　基底

H

Habit　习惯

Habit-change　习惯改变

Haecceity　此性

Heuretic Science　释义学

Hypothesis　假设

Hypothetic Inference　假设性的推理

I

Icon　像似符

Idealism　观念论

Ideoscopy　专识学

Image　图像

Immediate Inference　直接推理

Immediate Interpretant　直接阐释项

Immediate Object　直接对象

Imperative　祈使符

Indefinite　不定符，无限的

Index　指示符

Indicative　直陈符，直陈的

Individual　个体的

Individuality　个体性

Induction　归纳法

Inference　推理

Information　信息

Informed Breadth　已知广度

Informed Depth　已知深度

Initial Interpretant　初始阐释项

Inner World　内世界

Inquiry　探究

Instinct　本能

Intentional Interpretant　意向阐释项

Interpretant　阐释项

Intuition　直观

J

Judgment　判断

L

Law　法则

Law of Association　联想法则

Law of Habit　习惯法则

Law of Mind　心灵法则

Legisign　类型符

Likeness　相似符

Logica Docens　理论逻辑

Logica Utens　实践逻辑

Logical Analysis　逻辑分析

Logical Graph　逻辑图

Logical Interpretant　逻辑阐释项

Logical Syntax　逻辑句法

M

Mark　标记符

Material Cause　质料因

Material Logic　实质逻辑

Mathematical Reasoning　数学

推理

Mathematical Truth 数学真理

Mathematics 数学

Matter 物质

Maxim of Pragmaticism 实效主义准则

Maxim of Pragmatism 实用主义准则

Meaning 意义

Medium of Communication 交流的中介

Memory 记忆

Mental 精神

Metaphor 隐喻

Metaphysical Possibility 形而上的可能性

Metaphysics 形而上学

Method of Tenacity 固执的方法

Mind 心灵

Modal Relation 模态关系

Modality 模态

Mode of Life 生活模式

Mode of Representation 表象模式

Mode of Being 存在模式

Monad 一元的

Musement 冥思

N

Naive Interpretant 朴素阐释项

Natural Kind 自然类

Necessary 必然的

Necessary Deduction 必然性的演绎

Necessitarianism 宿命论,必然论

Necessity 必然性

Nominalism 唯名论

Nomological Science 法则论的科学

Nomology 法则论,法理学

Normal Interpretant 规范阐释项

Normative Science 规范科学

O

Object 对象

Objective Idealism 客观观念论

Objective Interpretant 客观阐释项

Objective Logic 客观逻辑学

Objective Object 客观对象

Objectivity 客观性

Observation 观察

Obsistent Logic 反思逻辑

Ontology 本体论

Opinion 意见

Outer World 外世界

P

Pedagogy 教育学

Percept 觉知

Perception 知觉

Perceptual Fact 知觉事实

Perceptual Judgment 知觉判断

Percipuum 知觉统

Person 人称

Phaneron 显像

Phaneroscopy 显像学

Pheme 元句符

Phenomenology 现象学

Phenomenon 现象

Phenoscopy 显像学

Plausibility 合理性

Positive Philosophy 实证哲学

Possibility 可能性

Potentiality 潜能性

Practical Belief 实践信念

Practical Retroduction 实践后推

Practical Science 实践科学

Practice 实践

Pragmaticism 实效主义

Pragmatism 实用主义

Pragmatist 实用主义者

Precision 明确

Predicate 谓词,谓项

Predication 预测

Prescission 割离

Probability 或然性

Proper Name 专名

Proposition 命题

Pure Grammar 纯粹语法

Pure Rhetoric 纯粹修辞学

Purpose 目的

Q

Quale 感质

Qualisign 性质符

Qualitative Induction 定性归纳

Quality 属性,品质,性质

Quality of Feeling 感觉的属性

Quantitative Induction 定量

归纳

Quasi-interpreter　准阐释者

Quasi-mind　准心灵

Quasi-sign　准符号

Quasi-utterer　准言说者

R

Ratiocination　推理,理性

Rational　合理的

Rational Inquiry　合理的探究

Rational Interpretant　合理阐释项

Rationality　合理性

Reagent　反应者

Real　实在的

Real Object　实在对象

Real Relation　实在关系

Realism　实在论

Reality　实在

Reason　理性

Reasoning　推理(活动)

Reference　指称

Referential Relation　指称关系

Regulative Principle　范导原则

Relate　关系项

Relation　关系

Relative　关系符

Relative Rhema　关系呈符

Representamen　表象载体

Representation　表征,表象

Representationism　表象论

Resemblance　像似性

Retroduction　回溯

Retrospective Science　溯源科学

Rhema　词项符

S

Scholastic Realism　经院实在论

Science　科学

Science of Discovery　探究的科学

Secondness　第二性

Self　自我

Seme　元义符

Semeiotics　(三元)符号学,符号哲学

Semiology　(二元)符号学

Semiosis　符号活动

Sensation　感觉

Sign　符号

Significate　意指
Singular　单称的
Singularity　单一性
Sinsign　单符
Special Science　具体科学
Speculative Critic　思辨批判学
Speculative Grammar　思辨语法学
Speculative Rhetoric　思辨修辞学
Sphere　范围
Subject　主体,主词
Substance　实体,实质
Substantial Breadth　实质广度
Substantial Depth　实质深度
Substantial Necessity　实质必然性
Substantial Possibility　实质可能性
Substantive Logical Possibility　实质的逻辑可能性
Summum Bunum　至善
Surmise　猜测
Syllogism　三段论
Symbol　象征符
Synechism　连续论
Synthetic Philosophy　综合科学
Systematic Science　系统科学

T

Teleology　目的论
Tendency　趋向
Term　词项
Tertiality　三元性
Theorem　定理
Theoretical Belief　理论信念
Theoretical Science　理论科学
Theoric Demonstration　理论论证
Theoric Transformation　理论转变
Theory　理论
Thing　事物
Thing-in-itself　物自身
Thinking　思维,思维活动
Thirdness　第三性
Thisness　此性
Thought　思维,思想
Time　时间
Token　殊型,个别符
Tone　调性,风格符
Triad　三元

Triadic Relation 三元关系
Trichotomy 三分法
Truth 真理,真,真相,真实
Tychastic Evolution 偶成的进化
Tychism 偶成论
Type 类型,类型符

U

Ultimate Interpretant 最终阐释项
Ultimate Logical Interpretant 最终的逻辑阐释项
Ultimate Predicate 最终谓项
Universal Grammar 普遍语法学
Universal 普遍的,一般的,共项
Universal Rhetoric 普遍修辞学
Universe of Discourse 言述(会话)宇宙
Unlimited Community 无限共同体
Utterer 言语表达者

V

Vagueness 模糊性
Veracity 真确性
Verify 证实
Verity 真实性
Volition 意志

W

Will 将会
Would-be 将要
World of Fact 事实世界

参考文献

1. 英文部分

Almeder, R. "Peirce's Thirteen Theories of Truth." *Transactions of the Charles S. Peirce Society* 21.1 (1985): 77-94.

Apel, K.-O. *Charles S. Peirce: From Pragmatism to Pragmaticism*, Michael Krois (Trans.), Amherst: University of Massachusetts Press, 1981, 1995.

Atkins, R. Charles S. *Peirce's Phenomenology: Analysis and Consciousness*, Oxford: Oxford University Press, 2018.

Ayala, F. "Teleological Explanations in Evolutionary Biology." *Philosophy of Science* 37.1 (1970): 1-15.

Baldwin, J. (Ed.), *Dictionary of Philosophy and Psychology*, Volume II, New York: The MacMillan Company, 1902.

Bergman, M. *Peirce's Philosophy of Communication: The Rhetorical Underpinnings of the Theory of Signs*, London: Continuum, 2009.

Bertilsson, T. *Peirce's Theory of Inquiry and Beyond: Towards a Social Reconstruction of Science Theory*, Frankfurtand Main: Peter Lang, 2009.

Blackburn, S. *Essays in Quasi-realism*, Oxford: Oxford University Press, 1993.

Boler, J. *Charles Peirce and Scholastic Realism*, Seattle: University of Washington Press, 1963.

Brioschi, M. "Hints Toward Cosmology: The Need for Cosmology in Peirce's Philosophy." *Scio* 12 (2016): 51-73.

Bruner J., Caludill F., and Ninio A., "Language and Experience." In *John Dewey Reconsidered*, R. S. Peters (Ed.), London: Routledge & Kegan Paul, 1977.

Davidson, D. *Essays on Actions and Events*, Oxford, New York: Clarendon Press, Oxford University Press, 2001.

Davidson, D. *The Essential Davidson*, Oxford: Oxford University Press, 2006.

De Waal, C. "Who's Afraid of C. S. Peirce." In *The Normative Thought of Charles S. Peirce*, Cornelis De Waal and Krzysztof Piotr Skowroński (Eds.), New York: Fordham University Press, 2012.

De Waal, C. *Introducing Pragmatism: A Tool for Rethinking Philosophy*, New York: Routledge, 2022.

De Waal, C. *On Pragmatism*, Belmont: Wadsworth, 2005.

De Waal, C. *Peirce: A Guide for the Perplexed*, London and New York: Bloomsbury, 2013.

Deely, J. *Four Ages of Understanding: The First Postmodern Survey of Philosophy from Ancient Times to the Turn of the Twenty-first Century*, Toronto: University of Toronto Press, 2001.

Deledalle, G. "Victoria Lady Welby and Charles Sanders Peirce: Meaning and Signification", in *Essays on Significs: Papers Presented on the Occasion of the 150th Anniversary of the Birth of Victoria Lady Welby (1837-1912)*, H. Walter Schmitz (Ed.), Amsterdam: John Benjamis Publishing Company, 1990.

Devitt, M. *Putting Metaphysics First: Essays on Metaphysics and*

Epistemology, Oxford: Oxford University Press, 2010.

Dewey, J. "Peirce's Pragmatism" in C. S. Peirce: *Chance, Love, and Logic: Philosophical Essays*, Morris R. Cohen (Ed.), Lincoln and London: University of Nebraska Press, 1998.

Fann, K. *Peirce's Theory of Abduction*, Singapore: Partridge, 2020.

Fisch, M. "Peirce's Progress from Nominalism Toward Realism." *The Monist* (1967): 159–178.

Fisch, M. *Peirce, Semeiotic, and Pragmatism*, Bloomington: Indiana University Press, 1986.

Flórez, J. "Peirce's Theory of the Origin of Abduction in Aristotle", *Transactions of the Charles S. Peirce Society*, 50.2(2014): 265–280.

Forster, P. *Peirce and the Threat of Nominalism*, Cambridge: Cambridge University Press, 2011.

Freadman, A. *The Machinery of Talk*, Stanford, CA: Stanford University Press, 2004.

Godfrey-Smith, P. "Quine and Pragmatism." In *A Companion to W. V. O. Quine*, Gilbert Harman and Ernie Lepore (Eds.), New York: John Wiley & Sons, Inc., 2014.

Haack, S. "Pragmatism and Ontology: Peirce and James." *Revue internationale de philosophie* (1977): 377–400.

Haack, S. "The First Rule of Reason." In *The Rule of Reason: The Philosophy of Charles Sanders Peirce*, J. Brunning and P. Foster (Eds.), Toronto: University of Toronto Press, 2016.

Haack, S. "The Legitimacy of Metaphysics: Kant's Legacy to Peirce, and Peirce's to Philosophy Today." *Polish Journal of Philosophy* 1 (2007): 29–43.

Habermas, J. "Peirce and communication." *Peirce and Contemporary Thought: Philosophical Inquiries* (1995): 243-266.

Hardwick, C. (Ed.), *Semiotics and Significs: The Correspondence between Charles S. Peirce and Victoria Lady Welby*, Bloomington: Indiana University Press, 1977.

Hookway, C. "Design and Chance: The Evolution of Peirce's Evolutionary Cosmology." *Transactions of the Charles S. Peirce Society* 33.1 (1997): 1-34.

Hookway, C. "Ramsey and Pragmatism: The Influence of Peirce", in *F. P. Ramsey: Critical Reassessments*, María J. Fráplli (Ed.), New York: Continuum, 2005.

Hookway, C. "Truth, Reality, and Convergence." In *The Cambridge Companion to Peirce*, Cheryl Misak (Ed.), Cambridge: Cambridge University Press, 2004.

Hookway, C. *Peirce*, London: Routledge, 1985.

Hookway, C. *Truth, Rationality, and Pragmatism: Themes from Peirce*, Oxford: Clarendon Press, 2002.

Houser, N. "The Intelligible Universe," in *Peirce and Biosemiotics: A Guess at the Riddle of Life*, Vinicius Romanini and Eliseo Fernadez (Eds.), Dordrecht: Springer, 2014.

Hulswit, M. and Vinicius Romanini, V. "Semeiotic and the Breath of Life," in *Peirce and Biosemiotics: A Guess at the Riddle of Life*, Vinicius Romanini and Eliseo Fernadez (Eds.), Dordrecht: Springer, 2014.

Hulswit, M. *From Cause to Causation: a Peircean Perspective*, Dordrecht: Springer, 2002.

James, W. "Philosophical Conceptions and Practical Results", in *The*

Pragmatism Reader: From Peirce through the Present, Robert Talisse and Scott Aikin (Eds.), Princeton: Princeton University Press, 2011.

Jappy, T. *Peirce's Twenty-Eight Classes of Signs and the Philosophy of Representation*, New York: Bloomsbury, 2017.

Joas, H. *Pragmatism and Social Theory*, Chicago & London: The University of Chicago Press, 1993.

Lane, R. *Peirce on Realism and Idealism*, Cambridge: Cambridge University Press, 2017.

Lewis, C. *Collected Papers of Clarence Irving Lewis*. Stanford: Stanford University Press, 1970.

Liszka, J. "Community in C. S. Peirce: Science as a Means and as an End." *Transactions of the Charles S. Peirce Society* 14.4 (1978): 305 – 321.

Liszka, J. "Reductionism in Peirce's sign classifications and its remedy." *Semiotica* 2019.228 (2019): 153 – 172.

Liszka, J. *Charles Peirce on Ethics, Esthetics and the Normative Science*, New York and London: Routledge, 2021.

Misak, C. "The Subterranean Influence of Pragmatism on the Vienna Circle: Peirce, Ramsey, Wittgenstein." *Journal for the History of Analytical Philosophy* 4.5 (2016): 1 – 15.

Misak, C. (Ed.) *The Cambridge Companion to Peirce*, Cambridge: Cambridge University Press, 2004.

Misak, C. "Charles Sanders Peirce (1839 – 1914)." In *The Cambridge Companion to Peirce*, Cheryl Misak (Ed.), Cambridge: Cambridge University Press, 2004.

Misak, C. *Cambridge Pragmatism: From Peirce and James to Ramsey* to *Wittgenstein*, Oxford: Oxford University Press, 2016.

Misak, C. *The American Pragmatists*, Oxford: Oxford University Press, 2013.

Misak, C. *Truth and the End of Inquiry: A Peircean Account of Truth*, Oxford: Clarendon Press, 2004.

Morris, C. *Logical Positivism, Pragmatism, and Scientific Empiricism*, Paris: Hermann et Cie., 1937.

Murphey, M. *The Development of Peirce's Philosophy*, Cambridge, MA: Harvard University Press, 1961.

Nagel, E. "The structure of teleological explanations." *The Structure of Science* (1961): 401–427.

Nubiola, J. "What a Scientific Metaphysics Really Is According to C. S. Peirce." *Cognitio: Revista de Filosofia* 15.2 (2014): 349–358.

Ogden, C. & Richards, I. A. *The Meaning of Meaning: A Study of the Influence of Language Upon Thought and of the Science of Symbolism*, Mansfield Center: Martino Publishing, 2013.

Olesky, M. "Belief and Opinion." In *The Normative Thought of Charles S. Peirce*, Cornelis De Waal and Krzysztof Piotr Skowroński (Eds.), New York: Fordham University Press, 2012.

Olesky, M. *Realism and Individualism: Charles S. Peirce and the Threat of Modern Nominalism*, Amsterdam: John Benjamins, 2015.

Pape, H. "Final Causality in Peirce's Semiotics and his Classification of the Sciences." *Transactions of the Charles S. Peirce Society* 29.4 (1993): 581–607.

Papini, G. "What Pragmatism Is Like." *Popular Science Monthly* 71 (10), 1907: 351–358.

Peirce, C. "Prolegomena to an Apology for Pragmaticism." *The Monist* 16.4 (1906): 492-546.

Peirce, C. *Chance, Love, and Logic: Philosophical Essays*, Morris Cohen (Ed.), New York: Harcourt, Brace & Company, INC., 1923.

Peirce, C. *Chance, Love, and Logic: Philosophical Essays*, Morris Cohen (Ed.), Lincoln & London: University of Nebraska Press, 1998.

Peirce, C. *Charles S. Peirce: Selected Writings on Semiotics, 1894 - 1912*, Francesco Bellucci, (Ed.), Berlin: De Gruyter, 2020.

Peirce, C. *Philosophical Writings of Peirce*, Buchler, J. (Sd. and Ed.), New York: Dover Publications, INC., 1955.

Peirce, C. *The Charles S. Peirce Papers*, *Microfilm Edition*. Cambridge, MA: Harvard University Photographic Service. With the reference numbers by Richard Robin, Annotated Vatalogue of the papers of Charles S. Peirce. Amherst, MA: University of Massachusetts Press, 1967.

Peirce, C. *The Collected Papers of Charles Sanders Peirce*, vol.1 & vol.2, C. Hartshorne & P. Weiss (Eds.), Cambridge, MA: Harvard University Press, 1932.

Peirce, C. *The Collected Papers of Charles Sanders Peirce*, vol.3 & vol.4, C. Hartshorne & P. Weiss (Eds.), Cambridge, MA: Harvard University Press, 1933.

Peirce, C. *The Collected Papers of Charles Sanders Peirce*, vol.5 & vol.6, C. Hartshorne & P. Weiss (Eds.), Cambridge, MA: Harvard University Press, 1935.

Peirce, C. *The Collected Papers of Charles Sanders Peirce*, vol.7 & vol.8, A. W. Burks (Ed.), Cambridge, MA: Harvard University Press, 1958.

Peirce, C. *The Essential Peirce: Selected Philosophical Writings*, vol.1

(1867 – 1893), The Peirce Edition Project (Ed.), Bloomington and Indianapolis: Indiana University Press, 1992.

Peirce, C. *The Essential Peirce: Selected Philosophical Writings*, vol.2 (1893 – 1913), The Peirce Edition Project (Ed.), Bloomington and Indianapolis: Indiana University Press, 1998.

Peirce, C. *The New Elements of Mathematics*, vol.3&4, Carolyn Eisele (Ed.), The Hague: Mouton Publishers, 1976.

Peirce, C. *Writings of Charles S. Peirce: A Chronological Edition*, Edward C. Moore, Max H. Fisch, et al. (Eds.), Bloomington: Indiana University Press, 1982, 1984, 1986, 1989, 1993, 2000, 2009.

Perry, R. *The Thought and Character of William James Vol.2*, Boston: Little Brown, 1935.

Pihlström, S. "Peirce's Place in the Pragmatist Tradition", in *The Cambridge Companion to Peirce*, Cheryl Misak (Ed.), Cambridge: Cambridge University Press, 2004.

Popkin, R. and Meyers, R. G. "Early Influences on Peirce: A Letter to Samuel Barnett." *Journal of the History of Philosophy*, 31.4(1993): 607 – 621.

Potter, V. *Charles S. Peirce on Norms and Ideals*, New York: Fordham University Press, 1997.

Price, H. *Naturalism Without Mirrors*, Oxford: Oxford University Press, 2011.

Queiroz, J. "Peirce's Ten Classes of Signs: Modeling Biosemiotic Processes and Systems." In *Semiotics in the Wild: Essays in Honor of Kalevi Kull on the Occasion of His 60th Birthday*, Timo Maran, Kati Lindstrom, Riin Magnus and Morten Tonnessen (Eds.), Tartu: Tartu University Press,

2012.

Quine, W. *From a Logical Point of View*, New York: Harper & Row, 1963.

Ramsey, R. *F. P. Ramsey: Philosophical Papers*, D. H. Mellor (Ed.), Cambridge: Cambridge University Press, 1990.

Ramsey, R. *The Foundation of Mathematics and Other Logic Essays*, R. B. Braithwaite (Ed.), London: K. Paul, Trench, Trubner & Company, Limited., 1931.

Raposa, L. *Peirce's Philosophy of Religion*, Bloomington and Indianapolis: Indiana University Press, 1989.

Redondo, I. "The Normativity of Communication." In *The Normative Thought of Charles S. Peirce*, Cornelis De Waal and Krzysztof Piotr Skowroński(Eds.), New York: Fordham University Press, 2012.

Reid, T. *An Inquiry into the Human Mind on the Principles of Common Sense*, D.R. Brookes(Ed.), University Park, PA: The Pennsylvania State University Press, 1997.

Reynolds, A. *Peirce's Scientific Metaphysics: The Philosophy of Chance, Law, and Evolution*, Nashville: Vanderbilt University Press, 2002.

Russo, L. *Telos and Object: The Relation Between Sign and Object as a Teleological Relation in the Semiotics of Charles S. Peirce*, Bern: Peter Lang, 2017.

Schiller, F. "Axioms as Postulates." In *Personal Idealism*, Henry Sturt (Ed.), London: Macmillan and Co., 1902.

Schiller, F. *Riddles of the Sphinx: A Study in the Philosophy of Evolution*, London: S. Sonnenschein, 1894.

Schmidt, J. "Peirce's Maxim of Pragmatism: 61 Formulations."

Transactions of the Charles S. Peirce Society: A Quarterly Journal in American Philosophy 56.4 (2020): 580-599.

Schmitz, H. (Ed.). *Essays on Significs: Papers Presented on the Occasion of the 150th Anniversary of the Birth of Victoria Lady Welby (1837-1912)*, Amsterdam: John Benjamis Publishing Company, 1990.

Sebeok, T. and Umiker, J. *"You Know My Method": A Juxtaposition of Charles S. Peirce and Sherlock Holmes*, Bloomington: Gaslight Publications, 1980.

Sebeok, T. *Global Semiotics*, Bloomington: Indiana University Press, 2001.

Sellars, W. "Are there Non-deductive Logics?" In *Essays in Honor of Carl G. Hempel*, Nicholas Rescher (Ed.), Dordrecht: Springer, 1969.

Sellars, W. *Science and Metaphysics: Variations on Kantian themes*, New York: Routledge & Kegan Paul Ltd., 1868.

Sellars, W. *Science, Perception, and Reality*, London: Routledge & Kegan Paul, 1963.

Short, T. "Peirce's Concept of Final Causation." *Transactions of the Charles S. Peirce society* 17.4 (1981): 369-382.

Short, T. *Peirce's Theory of Signs*, Cambridge: Cambridge University Press, 2007.

Talisse, R. & and Aikin, S. (Eds.). *The Pragmatism Reader: From Peirce through the Present*, Princeton: Princeton University Press, 2011.

Turley, P. *Peirce's Cosmology*, Open Road Media, 2022. (Digital publication only.)

Welby, V. *What Is Meaning? Studies in the Development of Significance*, London: Macmillan & Co., Limited, 1903.

Wright, C. *The Philosophical Writings of Chauncey Wright*, Edward H. Madden (Ed.), New York: The Liberal Arts Press, 1958.

Wright, C. *Truth and Objectivity*, Cambridge, Mass. Harvard University Press, 1992.

2. 中文部分

阿佩尔:《哲学的改造》,孙周兴、陆兴华译,上海译文出版社 2005 年版。

埃科:《康德与鸭嘴兽》,刘华文译,上海译文出版社 2019 年版。

布兰顿:《阐明理由:推论主义导论》,陈亚军译,复旦大学出版社 2020 年版。

布伦特:《皮尔士传(增订版)》,邵强进译,上海人民出版社 2008 年版。

程都:《"终极因"的符号学方案——皮尔士因果理论的启示》,载《自然辩证法研究》2022 年第 11 期。

程都:《披着黑格尔外衣的皮尔士:实用主义内涵之探析》,载《浙江学刊》2022 年第 1 期。

杜威:《1921 至 1922 年间的期刊文章、论文及杂记》,《杜威全集·中期著作·第十三卷(1921—1922)》,赵协真译,莫伟民校,华东师范大学出版社 2012 年版。

杜威:《经验与自然》,《杜威全集·晚期著作·第一卷(1925—1953)》,傅统先译,华东师范大学出版社 2015 年版。

杜威:《论文、书评和杂记》,《杜威全集·晚期著作·第十五卷(1942—1948)》,余灵灵译,华东师范大学出版社 2015 年版。

杜威:《非现代哲学与现代哲学(〈杜威全集〉补遗卷)》,孙宁译,华东师范大学出版社 2017 年版。

费耶阿本德：《告别理性》，陈健、柯哲、曹妍译，江苏人民出版社2021年版。

哈克：《理性地捍卫科学：在科学主义与犬儒主义之间》，曾国屏、袁航等译，中国人民大学出版社2008年版。

哈克：《证据与探究：对认识论的实用主义重构（修订版）》，刘叶涛、张力锋译，陈波校，中国人民大学出版社2018年版。

黑格尔：《哲学史讲演录》（第四卷），贺麟、王太庆译，商务印书馆1978年版。

黑格尔：《逻辑学》（上册），杨一之译，商务印书馆1982年版。

黑格尔：《费希特与谢林哲学体系的差异》，宋祖良、程志民译，商务印书馆1994年版。

黑格尔：《精神现象学》（上册），贺麟、王玖兴译，上海人民出版社2013年版。

黑格尔：《精神现象学》（下册），贺麟、王玖兴译，商务印书馆2013年版。

黑格尔：《小逻辑》，贺麟译，上海人民出版社2015年版。

瓦尔：《皮尔士》，郝长墀译，清华大学出版社2019年版。

康德：《康德著作全集（第2版）》（第三卷），李秋零译，中国人民大学出版社2013年版。

库恩：《科学革命的结构》，金吾伦、胡新和译，北京大学出版社2012年版。

孙伟平编：《罗蒂文选》，孙伟平等译，社会科学文献出版社2007年版。

罗蒂：《偶然、反讽与团结》，徐文瑞译，商务印书馆2003年版。

罗蒂：《后形而上学希望》，张国清译，上海译文出版社2009年版。

迈尔：《生物学思想发展的历史》，涂长晟等译，四川教育出版社

1990年版。

麦克道威尔:《心灵与世界》,韩林合译,中国人民大学出版社2014年版。

潘磊:《符号学视域下的皮尔士哲学思想研究》,中国社会科学出版社2022年版。

皮尔士:《皮尔士论符号》,胡普斯编,徐鹏译,上海译文出版社2016年版。

皮尔士:《推理及万物逻辑:皮尔士1898年剑桥讲坛系列演讲》,张留华译,复旦大学出版社2020年版。

皮尔斯:《皮尔斯:论符号 李斯卡:皮尔斯符号学导论》,赵星植译,四川大学出版社2014年版。

塞尔:《心灵的再发现(中文修订版)》,王巍译,中国人民大学出版社2012年版。

孙宁:《古典实用主义的线索与视域》,华东师范大学出版社2023年版。

泰勒:《黑格尔》,张国清、朱进东译,译林出版社2012年版。

涂尔干:《实用主义与社会学》,渠东译,梅非校,上海人民出版社2000年版。

王丁:《论晚期谢林"启示"概念的三重内涵》,载《同济大学学报(社会科学版)》2015年第5期。

詹姆士:《彻底的经验主义》,庞景仁译,上海人民出版社2006年版。

詹姆士:《实用主义》,李步楼译,商务印书馆2012年版。

张留华:《皮尔士哲学的逻辑面向》,上海人民出版社2012年版。

周靖:《表征论的多副面孔:当代英美哲学语境下的探究》,上海人民出版社2021年版。

周靖:《超越心灵与世界的界限——从皮尔士哲学出发建构的符号实用主义》,载《科学技术哲学研究》2022年第5期。

周靖:《剑桥实用主义研究》,华东师范大学出版社2023年版。

后记

皮尔士哲学研究有着很大的难度,其原因不仅在于皮尔士思想本身的深度和广度,还在于其思想在悠长岁月的表述中充满着变动和发展。此外,皮尔士使用的诸多语汇也远未成为哲学主流语汇,这也增加了理解其理论面貌的困难。对于皮尔士文献的整理和研究,国外已经有了诸多成果。皮尔士哲学导论的著作也有出自德瓦尔、胡克威等人之手的"珠玉"。相较之下,国内哲学界虽早早知晓皮尔士之名,但仍需展开更多的研究工作。

鉴于此,我几年前便萌生了写作一本汉语版皮尔士哲学"导论"的想法,以便为挖掘皮尔士思想金矿提供一则"招工广告"。然而,我怀疑自己并非忠实于皮尔士思想原义的"皮尔士之徒",但也知晓自己绝非企图刻意曲解其思想以供自己之用的"皮尔士之贼"。在自己的研究中(主要是在尚未出版的《符号哲学认识论论引》一书中),我自觉更像是一名介于两者之间的角色:吸纳皮尔士的哲学洞察以促进时今哲学的思考。但我终究有着对自己的怀疑,以致不太自信独撰一部皮尔士研究的著作。于是,我邀请深耕皮尔士哲学的程都师妹一起合作。有幸得她应允,遂有这本小书面世。然而,这本小书作为"导论"并不称职,它远没有"导论"要求的清晰和简明,于是只能唤之为"引论",慰情胜无。

本书的具体分工是,我写作了 2.1 节、2.2 节、2.3 节、3.1 节、

3.3节、3.4.1节、第4章、5.1节以及6.2节,程都写作了导言、第1章、2.4节、3.2节、3.4.2节以及5.2节。我们合作完成了5.3节、5.1节以及结语。参考文献由我完成。我也一并负责全书思路的梳理、每章的引言、结语部分的写作、文本的具体修改和润色等工作。

关于"关键术语表",我首先草拟了一个版本,在2024年3月17日,张留华、孙宁、高来源、潘磊、王健、程都等师友共聚开封,对一些术语的译法做了讨论。随后,我将这份术语表提交给江怡老师审阅,江老师以其深厚的学术造诣和严谨的治学态度,提出了十余条宝贵的修改意见。同时,高惠鸽同学也仔细阅读了本书,并指出了其中一些表述上的问题。对此我深表感激。

需要特别致谢的是,江怡老师不仅对术语表提出了修改意见,还欣然应允为本书撰写了序言。江老师作为国际皮尔士学会的会长,一直致力于推动国内外皮尔士哲学的研究工作。在他的带领下,我们期待国内的研究能够取得更大的进展。同时,我也期待这本小书能够引起国内学界对皮尔士哲学的重视,并重新审视其学术价值。

周靖

2024年3月31日